高等职业院校通识教育系列教材

U0734446

人工智能
基础应用

李莉 方志伟◎主编

刘健 顾正祥 郝风平 刘鑫 朱孟伟 ◎副主编

人民邮电出版社

北 京

图书在版编目（CIP）数据

人工智能基础应用 / 李莉，方志伟主编. -- 北京：
人民邮电出版社，2025. --（高等职业院校通识教育系列
教材）. -- ISBN 978-7-115-68220-8

Ⅰ. TP18

中国国家版本馆 CIP 数据核字第 20250WM449 号

内 容 提 要

本书以人工智能基础理论为基石，以"认知—技术—应用—素养"为主线脉络，采用由浅入深、循序渐进的编排方式，构建系统的学习体系。

本书共分为四大学习模块，人工智能认知基础模块包括"探索启蒙——智能新纪元的奥秘"学习主题，带领学生了解人工智能的起源与发展；人工智能技术支撑模块包括"理论洞见——人工智能的根基"与"技术前沿——人工智能的应用技术"学习主题，系统讲解人工智能的核心理论与前沿技术；人工智能应用实践模块聚焦多元场景，通过"安全新时代——人工智能+安防""重塑新生活——人工智能+生活""教育新亮点——人工智能+教育""经济新驱动——人工智能+经济"等学习主题，展现人工智能在各个领域的实践价值；人工智能素养提升模块包括"未来探索——人工智能与未知世界的对话"学习主题，引导学生思考人工智能未来的发展方向。

本书兼具学术性与实用性，既可作为高等学校各专业人工智能通识课程的教材，也适合人工智能爱好者入门学习使用。

◆ 主　　编　李　莉　方志伟
　　副 主 编　刘　健　顾正祥　郝风平　刘　鑫　朱孟伟
　　责任编辑　曹严勺
　　责任印制　王　郁　焦志炜
◆ 人民邮电出版社出版发行　　北京市丰台区成寿寺路 11 号
　　邮编　100164　电子邮件　315@ptpress.com.cn
　　网址　https://www.ptpress.com.cn
　　三河市君旺印务有限公司印刷
◆ 开本：787×1092　1/16
　　印张：10.75　　　　　　　　2025 年 9 月第 1 版
　　字数：215 千字　　　　　　2025 年 9 月河北第 1 次印刷

定价：45.00 元

读者服务热线：(010)81055256　印装质量热线：(010)81055316
反盗版热线：(010)81055315

在数字经济与实体经济深度融合的背景下，人工智能正逐渐发展为驱动产业变革的核心技术，改变了人类生活、工作和学习的方式。智能家居实现了万物互联的便捷体验，智慧医疗推动了疾病诊断的精准度，智能制造显著提升了生产效率与产品质量，智慧金融通过数据分析优化了风险管控。教育领域也在积极探索如何将人工智能融入教学过程，以培养适应未来社会发展的高素质人才。在这个充满机遇与挑战的时代，了解和掌握人工智能的基础知识、技术应用，对每个人来说都具有重要意义。本书旨在帮助学生全面、系统地了解人工智能的知识，提升学生的人工智能素养，为学生未来的职业发展和个人成长奠定坚实基础。

本书在编写过程中充分考虑了人工智能技术的复杂性和多样性，紧密贴合学生的认知规律和学习需求，构建了从理论基础到实践应用，再到伦理思辨与职业规划的完整知识体系。本书遵循由浅入深、循序渐进的原则，首先从人工智能的基础概念入手，引导学生了解人工智能的发展脉络和主要学派；然后介绍物联网、云计算、大数据等基础支撑技术，以及计算机视觉、自然语言处理等前沿应用技术，帮助学生构建人工智能知识体系；最后，通过介绍与人工智能相关的数据隐私、伦理问题、法律问题等，引导学生思考人工智能未来的发展方向。每个学习任务都配备了详细的理论讲解和丰富的扩展阅读，使学生能够在学习理论的过程中，加深对知识的理解和掌握。

本书学习模块及参考学时分配表如表1所示。在教学过程中，可参考表1中"教学实施过程"的内容，设计安排课堂教学环节。

表1　学习模块及参考学时分配表

学习模块	教学模式	教学实施过程	参考学时
人工智能认知基础	案例导入+分组研讨	以日常生活中人工智能的应用场景为导入，分组研讨人工智能基础概述、发展脉络及主要学派，帮助学生了解人工智能	6学时
人工智能技术支撑	交互课堂+自主学习	深入讲解物联网、云计算、大数据等基础支撑技术，引导学生自主学习人工智能技术原理，强化学生对技术底层逻辑的理解	10学时
人工智能应用实践	项目导向+分组协作	基于人工智能真实产业场景，设置虚拟项目任务，学生分组协作完成需求分析、技术选型、方案部署全流程，提升学生的实践应用能力	12学时
人工智能素养提升	案例剖析+交互辩论	通过案例剖析与交互辩论，引导学生思考人工智能技术应用中的伦理问题，培养学生正确的技术价值观	4学时

　　本书由李莉、方志伟任主编，刘健、顾正祥、郝风平、刘鑫、朱孟伟任副主编，祁巧云、陈娟、高璐参与编写。在本书的编写过程中，我们力求内容全面、准确、实用。由于编者水平有限，书中难免存在疏漏和不足之处，真诚期望广大读者提出宝贵的意见和建议，我们将在今后的修订工作中不断改进、完善。

编者

2025 年 5 月

【思维导图】 24

学习任务 1　知识与知识表示 24

知识点 1　知识的定义与分类 24

知识点 2　知识表示方法 26

知识点 3　知识获取与推理 27

学习任务 2　物联网 29

知识点 1　认识物联网 29

知识点 2　物联网与人工智能 34

学习任务 3　云计算 35

知识点 1　云计算基础 35

知识点 2　云计算与人工智能 40

学习任务 4　大数据 41

知识点 1　大数据概述 41

知识点 2　大数据与人工智能 43

学习任务 5　人工智能与物联网、云计
算和大数据的关系 45

【学习小结】 46

【思考与练习】 46

学习模块Ⅰ　人工智能认知基础

PART 01

学习主题 1
探索启蒙——智能新纪元的奥秘 2

【学习导读】 2

【思维导图】 3

学习任务 1　人工智能基础概述 3

知识点 1　人工智能的概念 3

知识点 2　人工智能的分类 4

学习任务 2　人工智能的发展历程 5

学习任务 3　人工智能的主要学派 11

知识点 1　符号主义 11

知识点 2　联结主义 13

知识点 3　行为主义 16

学习任务 4　人工智能的基本架构 18

【学习小结】 20

【思考与练习】 20

学习模块Ⅱ　人工智能技术支撑

PART 02

学习主题 2
理论洞见——人工智能的根基 23

【学习导读】 23

PART 03

学习主题 3
技术前沿——人工智能的应用技术 47

【学习导读】 47

【思维导图】 48

学习任务 1　计算机视觉 48

知识点 1　图像识别 49

知识点 2　物体检测 52

知识点 3　图像分割 53

知识点 4　姿态估计 56

知识点 5　图像生成 57

学习任务 2　自然语言处理　　58
　　知识点 1　概述　　58
　　知识点 2　文本分类　　59
　　知识点 3　机器翻译　　60
　　知识点 4　情感分析　　62
　　知识点 5　问答系统　　63
学习任务 3　人工智能工具的
　　　　　　　初体验　　65
　　知识点 1　DeepSeek 功能亮点　65
　　知识点 2　DeepSeek 使用指南　66
【学习小结】　　68
【思考与练习】　　68

学习模块 Ⅲ　人工智能 应用实践

───────── PART 04

学习主题 4
安全新时代——人工智能+安防　　70

【学习导读】　　70
【思维导图】　　71
学习任务 1　概述　　71
　　知识点 1　发展历程　　71
　　知识点 2　智能安防行业的
　　　　　　　产业链　　73
　　知识点 3　智能安防行业市场发展
　　　　　　　现状　　73
学习任务 2　技术原理　　74
　　知识点 1　智能安防概述　　74

　　知识点 2　关键技术　　75
学习任务 3　应用场景　　76
学习任务 4　未来展望　　79
【学习小结】　　80
【思考与练习】　　80

───────── PART 05

学习主题 5
重塑新生活——人工智能+生活　　81

【学习导读】　　81
【思维导图】　　82
学习任务 1　概述　　83
学习任务 2　智能家居　　84
　　知识点 1　概述　　84
　　知识点 2　核心技术　　86
　　知识点 3　智能家居的应用　　87
　　知识点 4　未来展望　　89
学习任务 3　智慧出行　　90
　　知识点 1　概述　　90
　　知识点 2　核心技术　　93
　　知识点 3　智慧出行的应用　　94
　　知识点 4　未来展望　　97
学习任务 4　智慧医疗　　98
　　知识点 1　概述　　98
　　知识点 2　核心技术　　100
　　知识点 3　智慧医疗的应用　　101
　　知识点 4　未来展望　　104
【学习小结】　　105
【思考与练习】　　105

PART 06

学习主题 6
教育新亮点——人工智能+教育　107

【学习导读】　107
【思维导图】　108
学习任务 1　概述　109
　知识点 1　发展历程　109
　知识点 2　核心技术　110
学习任务 2　人工智能在教育中的
　　　　　　应用　113
　知识点 1　智能助教系统　113
　知识点 2　个性化学习平台　115
　知识点 3　虚拟仿真系统　117
　知识点 4　智能评估系统　117
学习任务 3　挑战与未来展望　119
　知识点 1　人工智能在教育中面临
　　　　　　的挑战　119
　知识点 2　未来展望　120
【学习小结】　122
【思考与练习】　122

PART 07

学习主题 7
经济新驱动——人工智能+经济　124

【学习导读】　124
【思维导图】　125
学习任务 1　概述　126
学习任务 2　智能制造　127

　知识点 1　概述　127
　知识点 2　核心技术　128
　知识点 3　智能制造的应用　130
学习任务 3　智慧农业　134
　知识点 1　概述　134
　知识点 2　核心技术　135
　知识点 3　智慧农业的应用　136
学习任务 4　智慧金融　140
　知识点 1　概述　140
　知识点 2　核心技术　141
　知识点 3　智慧金融的应用　142
学习任务 5　挑战与未来发展　145
　知识点 1　人工智能在经济发展中
　　　　　　面临的挑战　145
　知识点 2　未来发展　146
【学习小结】　147
【思考与练习】　147

学习模块Ⅳ　人工智能素养提升

PART 08

学习主题 8
未来探索——人工智能与未知世界的
对话　150

【学习导读】　150
【思维导图】　151
学习任务 1　数据隐私与保护　152
　知识点 1　数据隐私　152

知识点 2　数据保护　153

学习任务 2　人工智能伦理与
**　　　　　风险　154**

知识点 1　人工智能伦理　154

知识点 2　人工智能风险　155

学习任务 3　人工智能法律问题　156

知识点 1　责任主体　156

知识点 2　隐私权、知情权　156

知识点 3　著作权　157

学习任务 4　人工智能职业规划　158

知识点 1　人工智能素养　158

知识点 2　人工智能时代下的职业
　　　　　变化　159

【学习小结】　164

【思考与练习】　164

学习模块Ⅰ
人工智能认知基础

人工智能认知基础 —— 探索启蒙——智能新纪元的奥妙
- 人工智能基础概述
- 人工智能的发展历程
- 人工智能的主要学派
- 人工智能的基本架构

PART 01

探索启蒙
——智能新纪元的奥秘

【学习导读】

在 21 世纪的"科技浪潮"中,人工智能(Artificial Intelligence, AI)正在改变我们的生活、工作和思维方式。从智能语音助手到工厂中的自动生产线,从为人们提供个性化推荐服务的电商平台到助力医疗诊断的智能影像分析系统,人工智能的"身影"无处不在,已融入并深刻地改变着我们生活的方方面面。它不仅是学术界的重要研究课题,也在工业、医疗、交通、金融等众多行业掀起了"创新浪潮"。深入研究人工智能的定义与起源,不仅有助于我们理解这项技术,还能让我们更好地把握其未来的发展方向。

学习目标

- 理解人工智能的概念:掌握人工智能的定义及核心。

- 掌握人工智能的分类:能够区分弱人工智能、强人工智能和超强人工智能,深入理解各类人工智能的特点及其对应的应用场景。

- 了解人工智能的发展历程:梳理人工智能的发展历程,包括关键时期、重要事件和技术突破。

- 认识人工智能的主要学派:熟悉符号主义、联结主义和行为主义三大学派的理论基础、核心观点以及它们对人工智能发展的影响。

- 理解人工智能的基本架构:掌握人工智能的基础层、技术层和应用层的构成和功能,掌握各层次之间的相互作用机制。

素养目标

- 通过学习人工智能的发展和应用，培养学生对未来科技发展的责任感和使命感。
- 理解人工智能的技术在提升国家竞争力中的关键作用，增强学生的国家意识和民族自豪感。
- 引导学生理解不同学派的探索路径，认知技术发展的多样性，培养学生的辩证思维与开放、协作的科学精神。

【思维导图】

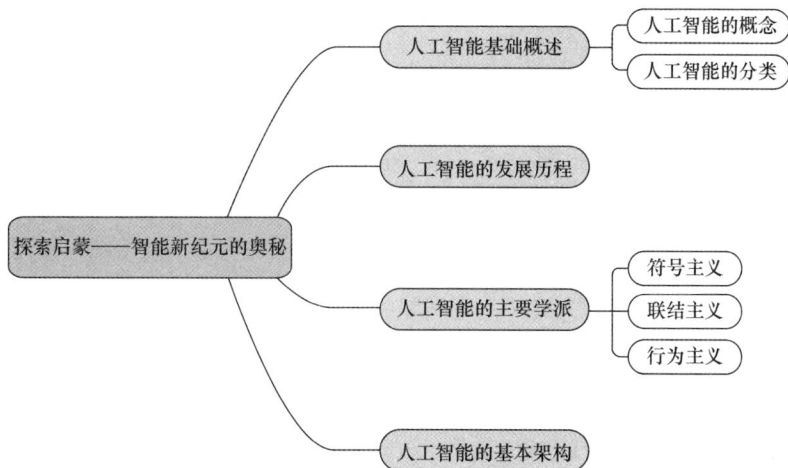

学习任务 1　人工智能基础概述

从清晨用智能语音助手查询天气和日程安排，到电商平台根据浏览记录智能推荐商品；从出行时使用智能导航规划最优路线，到工作中借助智能办公软件自动完成数据整理与分析，人工智能已经深刻地改变了我们的生活和工作方式，成为推动社会发展的重要力量。那么，究竟什么是人工智能呢？

知识点 1　人工智能的概念

人工智能是解释和模拟人类智能、智能行为及其规律的学科，它融合了计算机科学、数学、认知科学等多个学科知识。它通过对人类智能的研究，将人类所具备的认知、学习、思考、推理和决策等能力以技术手段赋予机器。

从"智能"层面来看，人工智能的核心在于对人类智能的模仿与提升。例如，利用深度学习算法，让计算机学习大量艺术作品的色彩、构图等风格特征，并自动生成具有类似艺术风格的作品。

人工智能依托计算机硬件系统和软件系统，构建起一套能够模拟人类智能的体系。例如，通过编写复杂的程序代码和设计高效的算法模型，使计算机能够处理海量数据，并从中提取有价值的信息。以智能交通系统为例，计算机通过收集和分析实时路况、车辆流量等数据，优化交通信号灯控制方案，从而缓解交通拥堵。

人工智能的发展使计算机具备在多种场景下处理复杂问题的能力，为社会发展提供支持。无论是在医疗领域中辅助医生进行疾病诊断，还是在工业领域中，推动生产过程智能化、自动化，人工智能应用边界都在不断拓展，逐渐成为推动技术进步的重要力量。

知识点 2　人工智能的分类

人工智能按照智能水平大致可划分为三类，即弱人工智能、强人工智能和超强人工智能。

1. 弱人工智能

弱人工智能（Artificial Narrow Intelligence，ANI），又称狭义人工智能，指专注于完成某一项特定任务或解决某一特定问题的人工智能。虽然在特定范围内它能够展现出类似人类的智能行为，但并不具备真正的通用智能，也无法将从一个任务中学到的知识和技能迁移到其他领域。

目前，弱人工智能技术已深度融入人们的日常生活，并广泛应用于语音识别、图像处理、智能安防、智能交通等领域。在图像处理领域中，人脸识别系统能够快速识别人脸特征并与数据库比对，高效完成身份验证；在智能交通领域中，车牌识别系统可以自动识别车辆信息，有效提升道路通行效率。然而，这类系统仅能执行预设范围内的任务，当遇到训练数据之外的新数据时，由于缺乏自主学习和适应能力，往往无法正确处理。这正体现了弱人工智能的核心特点，即在特定任务上表现优异，但缺乏对知识的真正理解和跨领域的泛化能力。

2. 强人工智能

强人工智能（Artificial General Intelligence，AGI），又称通用人工智能，是人工智能领域的重要发展阶段，其核心特征是具备与人类智能类似的通用认知能力。与仅能完成特定任务的弱人工智能相比，强人工智能具有跨领域的泛化能力、学习能力和推理能力。

强人工智能可以在多个领域展现出与人类相当甚至超越人类的智能水平。它不仅能够处理表层信息，还可以深入挖掘信息背后的含义、逻辑关系和潜在规律。以学术论文的阅读为例，强人工智能系统可以准确理解学术论文中的专业术语、研究方法和核心结论，并基于这些内容展开延伸推理与价值判断。

强人工智能能够像人类一样自主学习新知识，并持续提升自身能力。它可以处理多源异构的信息，如文本、图像和视频等，通过系统化的分析和归纳总结，将这些信息转化为自身的知识储备。在学习过程中，强人工智能能够灵活调整学习策略和方法，以适应各类学习任务和环境变化。例如，在教育领域中，强人工智能系统能够根据每个学生独特的学习特点、兴趣爱好和知识基础，量身定制适合的学习计划，并提供匹配的教学内容和辅导方式。同时，该系统还能随时解答学生的疑问，通过互动交流帮助学生更深入地理解知识要点。

3. 超强人工智能

超强人工智能（Artificial Super Intelligence，ASI），是人工智能发展的高级阶段。

牛津大学学者尼克·博斯特罗姆（Nick Bostrom）将超强人工智能定义为"在几乎所有领域，包括科学创新、通用智能和社交技能等领域，都比最优秀的人类大脑聪明得多的智能"。超强人工智能在能力上全面超越人类，其优势范围涵盖从科学研究到日常社交等的所有领域。

学习任务 2　人工智能的发展历程

人工智能自诞生以来，经历了从理论探索到技术应用的快速发展。20世纪中叶，随着计算机技术的兴起，科学家们开始尝试通过机器模拟人类的思维过程，这也是人工智能研究的萌芽时期。从早期的逻辑推理系统到后来的专家系统，人工智能技术在不断发展中逐渐展现其巨大的潜力。

1. 人工智能的萌芽时期

1943年，沃伦·斯图尔吉斯·麦卡洛克（Warren Sturgis McCulloch）与沃尔特·皮茨（Walter Pitts）合作发表论文"A Logical Calculus of Ideas Immanent in Nervous Activity"，提出 M-P 模型。该模型通过数学逻辑抽象生物神经元的信号处理机制，将神经元简化为具备"兴奋/抑制"二元输出的逻辑单元，并以加权连接模拟突触传递。这一理论首次构建了人工神经网络的计算框架，为后续感知机、深度学习等技术提供了理论原型。

1950年，艾伦·图灵（Alan Turing）在论文"Computing Machinery and Intelligence"中提出了"图灵测试"。该测试设计了一个封闭的人机对话实验：若人类裁判无法通过文字交流区分对话对象是机器还是人类，则判定该机器具备"类人智能"。图灵测试首次将抽象的"智能"概念转化为可操作的评估标准，这成为早期人工智能研究的核心目标。至今，它仍是评估人工智能发展水平的重要方法，并被广泛应用于测试各类人工智能系统的性能。

1956 年，在达特茅斯会议上，约翰·麦卡锡（John McCarthy）正式提出"人工智能"这一术语，并将其研究目标明确为"让机器具备学习、推理及解决问题的能力"。此后，越来越多的专业人士投身该领域的研究与开发，共同推动人工智能技术的进步。

扩展阅读

图灵测试

1950 年，图灵发表了一篇名为"Computing Machinery and Intelligence"的论文。在论文中，图灵首次提出了"图灵测试"的概念。

图灵测试的目的是评估一台计算机是否能够表现出与人类智能相似的能力。具体来说，它考察计算机能否通过对话与人类进行交互，使人类难以分辨对话对象是计算机还是人类。该测试基于一个简单而有趣的理念：如果一台计算机能够通过回答问题模拟人类智能，那么可以认为这台计算机通过了图灵测试。

图灵测试的示意如图 1-1 所示。设想一个测试者坐在一个封闭的房间里，通过小窗口与外界进行对话。在这个小窗口的另一侧可能是计算机或者真人。房间里的测试者通过文字来进行对话，但他无法通过这个窗口判断对方的真实身份。如果计算机能够通过"聪明"的应答方式，使测试者在长时间交流后，仍然无法分辨对话对象是真人还是计算机，那么就可以认为这台计算机通过了图灵测试，具备某种程度的智能。

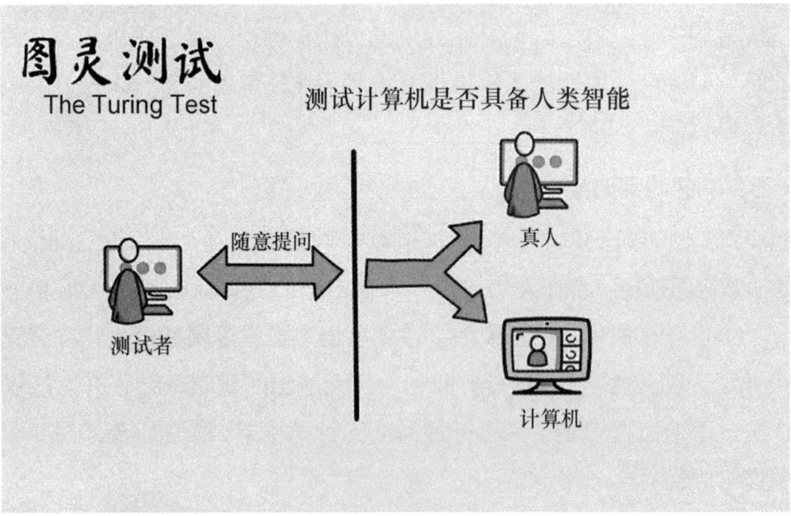

图 1-1　图灵测试

这一测试方法引起了广泛关注，促使人们开始更加认真地思考计算机具备智能的可能性。图灵测试很快成为衡量计算机是否具备人工智能的常用方法，极大地推动了人工智能领域的发展。

2. 符号主义和专家系统时期

20 世纪 60 年代至 20 世纪 70 年代，随着计算机运算能力的提升与数理逻辑理论的完善，人工智能研究进入了符号主义（Symbolicism）阶段。该阶段以"通过符号逻辑模拟人类推理"为核心，催生了通用问题求解器与专家系统两大标志性成果。符号主义认为，人类的思维过程可以通过对符号的操作进行模拟。基于这一理念，科学家们开发了一系列高效的符号推理系统。其中最具代表性的是通用问题求解器，它能够在一定程度上模拟人类的推理和决策过程，为解决复杂问题提供了新的思路。

专家系统聚焦于特定领域，通过知识库（Knowledge Base）与推理引擎（Inference Engine）分离的架构，模拟人类专家的知识应用能力。以 DENDRAL 系统为例，它是一个专门用于鉴定有机化合物结构的专家系统。用户输入相关的化学数据后，DENDRAL 系统能够迅速给出准确的分子结构预测结果，极大地提高了科研工作的效率和准确率。

扩展阅读

专家系统

1965 年，斯坦福大学教授爱德华·费根鲍姆（Edward Feigenbaum）主导开发了首个专家系统，这标志着人工智能从通用推理转向了领域知识工程。专家系统，是一种模拟人类专家知识和推理能力的计算机程序。它们通过将专家的知识和经验编码，转化为计算机可理解的格式，从而能够解决特定领域的问题。

专家系统的出现拓宽了计算机技术的应用范围。在医学领域中，它可以协助医生进行疾病的诊断和治疗方案的选择，从而提高医疗服务的效率和质量。在法律领域中，专家系统能够提供法律咨询和案件分析，为律师和法官提供决策支持。在工程领域中，专家系统可以辅助设计和解决问题，缩短产品研发周期，提升产品的质量和性能。

专家系统包含三大模块，如图 1-2 所示，分别是知识库、推理引擎和用户界面。知识库是通过收集、整理和存储大量专家的知识（如规则库、事实库）构建起来的；推理引擎运用逻辑规则推导结论，支持正向推理（数据驱动）和反向推理（目标驱动）；用户界面是人机交互的接口，负责解析用户输入并反馈结果。

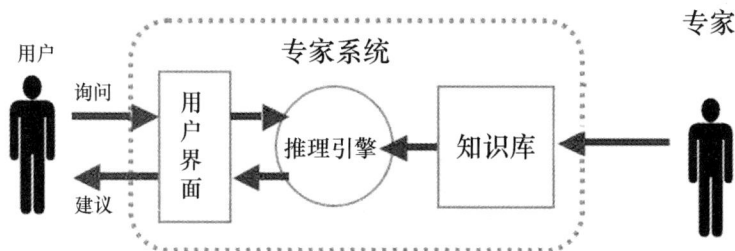

图 1-2　专家系统

专家系统具有高效性。与人类专家相比，专家系统能够在短时间内处理大量问题，并提供 24 小时不间断的服务。这对于需要迅速获取准确答案的用户来说具有重要意义。

专家系统具有可靠性。它的知识和推理过程基于事实和规则，不受情绪、疲劳或主观因素的影响。这使得专家系统在提供答案和建议时具有一致性和可靠性。同时，专家系统还促进了知识的共享。它们能够将不同地域的专家知识集中管理，避免知识的重复积累，对于知识的传承具有重要意义。

此外，专家系统在教育领域也发挥着重要作用。它可以作为教育和培训的工具，帮助用户快速学习和理解相关领域的知识。通过构建交互式的学习环境，专家系统能够引导用户解决实际问题。在决策支持方面，专家系统也展现出强大的能力。它可以分析大量数据和信息，为用户提供有价值的建议，帮助用户作出决策。

尽管专家系统具有诸多优点，但也存在一些局限性。专家系统的知识主要来源于专家提供的信息，在面对全新的或高度复杂的问题时，其性能可能会受到一定的限制。此外，在处理某些复杂问题时，专家系统可能需要较长时间才能得出答案。

3. 第一次人工智能寒冬时期

20 世纪 70 年代中后期，人工智能的发展遭遇了重大挫折。由于技术瓶颈、资金短缺以及预期与实际成果之间的巨大落差，人工智能的发展陷入低谷，这一时期被称为"第一次人工智能寒冬时期"。

（1）符号主义方法的局限性

符号主义采用"规则—逻辑"模型模拟人类思维。但随着研究的深入，科学家们逐渐认识到，人类智能的复杂性和灵活性远远超出预设规则所能涵盖的范围。现实世界中的问题往往涉及多种因素的相互作用，难以通过单一的规则或逻辑体系准确描述。这一局限性引发了学术界和投资者对符号主义方法的质疑，导致相关研究项目的资金大幅减少。

（2）莱特希尔报告的影响

1973 年，英国应用数学家詹姆斯·莱特希尔（James Lighthill）指出，人工智能虽然耗费大量计算资源，但缺乏自主学习能力，需要人工进行数据标注和规则调整。在复杂任务（如机器翻译）中，由于语义理解能力不足，相关研究进展缓慢。这份报告促使英国政府大幅削减人工智能研究经费。

（3）魏岑鲍姆的批判

1976 年，计算机科学家约瑟夫·魏岑鲍姆（Joseph Weizenbaum）在 *Computer Power and Human Reason: From Judgment to Calculation* 一书中，对以符号主义为代表的早期人工智能研究范式进行了批判。他的核心观点并非否定技术进步，而是通过分析"机器理解"的本质，揭示符号逻辑与人类智能之间存在根本性差异。

4. 复苏时期

这一时期是符号主义从早期追求通用推理逐步转向领域知识密集型系统，通过"知识库+推理引擎"模拟人类专家的决策过程。

1982 年，约翰·霍普菲尔德（John Hopfield）提出了霍普菲尔德网络（Hopfield Network），首次将能量函数引入神经网络，解决了联想记忆问题。其核心思想是通过对称权重矩阵和异步更新机制，使网络能够收敛到稳定状态。

1986 年，戴维·鲁梅尔哈特（David Rumelhart）等人完善了反向传播（Back propagation，BP）算法。该算法通过链式法则逐层计算误差梯度，解决了多层神经网络的训练难题。该算法存在一些缺陷，如对初始参数较为敏感，可能陷入局部最优解，在深层网络中还可能出现梯度消失或梯度爆炸的问题。

尽管如此，反向传播算法仍然被视为深度学习发展史上的重要成果。它推动了深度学习技术的快速发展。

5. 繁荣时期

随着计算机技术的持续进步和数据资源的不断丰富，机器学习和神经网络逐渐成为人工智能研究的热点。这些方法的核心思想是通过分析大量数据，使模型学习数据潜在的规律和模式。

机器学习常用的算法包括决策树、支持向量机以及随机森林等。这些算法为数据挖掘、预测分析和模式识别等任务提供了技术支持。神经网络领域也取得了重要突破。例如，长短期记忆网络（Long Short-Term Memory，LSTM）的提出，为处理具有时序依赖性的数据提供了新的解决方案。

随着深度学习技术的迅猛发展以及大数据时代的到来，人工智能已在计算机视觉、语音识别和自然语言处理等多个关键领域取得进展。自动驾驶系统、智能医疗诊断和个性化推荐系统等创新应用不断涌现，预示着智能科技新时代的全面到来。

🔍 **扩展阅读**

谷歌 AlphaGo 战胜职业围棋选手

围棋作为一项传统策略游戏，因其庞大的搜索空间和高度不确定性，曾被视为计算机算法难以突破的领域。然而，2016 年，由 DeepMind 公司开发的人工智能程序 AlphaGo 以 4：1 的成绩战胜人类职业围棋选手。这一事件在全球范围内引起了对人工智能的广泛关注。

AlphaGo 采用了多种前沿技术，包括深度神经网络、强化学习和蒙特卡洛树搜索等方法，通过对大量棋谱数据的训练以及与顶尖棋手的对弈，AlphaGo 不断提升"围棋技艺"。AlphaGo 利用深度神经网络对棋局进行评估，并选择更优的下棋策略，同时结合蒙特卡洛树搜索方法，高效地搜索和评估各种棋局，最终在神经网络评估的基础上作出决策。

AlphaGo 具有强大的自我学习能力和数据训练能力，与传统的围棋程序相比，AlphaGo 展现出更高的搜索效率和决策水平，并能够制定更加出色的棋局策略。

尽管 AlphaGo 在与人类的对弈中取得了令人瞩目的成就，但它仍然存在一些局限性。一方面，AlphaGo 的训练过程高度依赖人类的棋局数据，这在一定程度上限制了其在其他领域的应用。另一方面，在应对不确定性时，AlphaGo 的处理方式较为程式化，缺乏针对不同情境的灵活应变能力。此外，该系统的决策过程缺乏足够的可解释性。

AlphaGo 的成功不仅展现了深度学习和强化学习在处理复杂策略游戏时的卓越能力，也为人工智能技术的未来发展提供了新的方向。

尽管人工智能在过去几十年里取得了显著的进步和成就，但我们仍须清醒地认识到，当前的人工智能技术仍然面临诸多挑战和问题。如何实现真正意义上的通用人工智能，如何确保人工智能系统的安全性和可控性，以及如何在保护个人隐私的同时推动人工智能技术的持续发展。这些都是需要深入思考和解决的关键问题。

扩展阅读

人工智能生成内容

人工智能生成内容（Artificial Intelligence Generated Content，AIGC），是指通过学习大规模数据集，利用算法、模型和规则生成全新的、具有创造性的内容的技术。这项技术能够生成文本、图像、音频、视频等多种形式的内容，其核心在于模仿人类的创造力，生成与原始数据相似但又不完全相同的新数据。

自 2020 年以来，人工智能生成内容从单一的文本生成发展到多模态内容生成，取得了显著进步。该技术在图像、音频和视频生成方面的突破，使虚拟现实和元宇宙等新兴技术的实现成为可能。多模态生成能力的提升拓展了人工智能生成内容的应用范围。

2022 年末，OpenAI 公司推出了 ChatGPT。凭借强大的自然语言生成和处理能力，ChatGPT 引起了广泛关注，推动了人工智能生成内容技术的普及和应用。

近年来，国内人工智能生成内容技术发展迅速，以深度求索等为代表的中国科技企业在该领域取得了多项成果。DeepSeek 等模型不仅具备强大的多模态生成能力，还在成本控制方面展现出独特优势。这些突破性进展标志着中国在人工智能生成内容领域已从"跟跑"逐步转向"并跑"甚至"领跑"，为全球人工智能生成内容技术的发展注入了新的动能。

人工智能生成内容在文本生成领域有着优秀的表现。依托深度学习和海量数据训练，这类模型能够生成自然流畅、结构严谨的文本内容，在新闻报道自动化等多个场景得到了应用，显著提升了文字内容产出的效率与质量。

在创意设计方面，人工智能生成内容同样展现出独特的价值。通过学习海量艺术作品与设计案例，人工智能生成内容能够输出富有创意的作品。这项技术不仅为艺术工作者开辟全新的创作空间，还通过优化设计流程，推动了艺术创作与设计实践的创新发展。

此外，人工智能生成内容在音乐创作和视频生成方面也表现突出。它能够学习并分析各种音乐风格，创作多样化的音乐作品。同时，通过不同的神经网络，这些模型还能从文本、图像或短视频等输入中提取关键信息，并根据这些信息生成完整的视频内容。这在电影预告片制作、虚拟现实内容生成以及游戏设计等领域具有广阔的应用前景。

学习任务 3　人工智能的主要学派

在人工智能发展的历史进程中，来自不同学科背景的学者对人工智能的发展提出了不同观点，由此形成多个学派。这些学派各具特色，其中，符号主义、联结主义和行为主义三大学派的影响尤为深远，如图 1-3 所示。符号主义以符号和逻辑推理为核心，通过符号操作模拟人类思维，其代表性成果是专家系统，展示了逻辑推理在人工智能中的应用。联结主义模仿人脑神经网络的联结机制，以深度学习为代表技术，使计算机能够学习并识别模式，广泛应用于图像和语音识别领域。行为主义强调智能体在与环境的交互中学习和进化，如自主导航机器人，展示了机器对环境的感知与行动能力。这三大学派从不同角度模拟人类智能，共同推动了人工智能的多元化发展。

符号主义　　　　　　　　联结主义　　　　　　　行为主义

图 1-3　三大学派

知识点 1　符号主义

符号主义，又称逻辑学派、心理学派或计算学派。其核心理论认为，人类认知的本质是符号操作，智能行为可通过符号系统的逻辑推理实现。该学派主张人工智能应从智能的功能模拟入手，认为符号是智能的基本元素，智能是符号的表征和运算过程。

1. 起源与发展

（1）理论奠基

符号主义思想起源于数理逻辑与认知心理学的交叉领域。1956 年，在达特茅斯会议上，艾伦·纽厄尔（Allen Newell）和赫伯特·亚历山大·西蒙（Herbert Alexander Simon）提出了物理符号系统假设（Physical Symbol System Hypothesis，PSSH）。该假设明确指出，"任何具有智能的系统必然是一个物理符号系统"。这一假设成为符号主义学派的核心理论基础。同一时期，麦卡锡推动了基于逻辑的人工智能研究，提出用谓词逻辑表示知识的思路，为符号系统的形式化奠定了重要基础。

（2）技术突破

随着知识表示技术的逐步成熟，符号主义迎来了应用爆发期。具有代表性的系统包括 DENDRAL 系统和 MYCIN 系统等专家系统，它们通过构建"知识库+推理机"的架构，实现了领域知识的符号化建模。同时，Prolog 语言的诞生与 Lisp 语言的广泛应用，为符号操作提供了高效的工具支持，使符号主义从理论转向了工程实践。

（3）持续发展

随着知识工程研究的深入，符号主义从单一的规则系统发展为复杂的知识表示体系，在语义网、知识图谱等领域中发挥重要作用，成为连接传统人工智能与新一代知识驱动技术的重要桥梁。

2. 原理与方法

符号主义的主要理论支柱包括"物理符号系统假设"和"有限理性原理"。该学派认为，计算机本质上是一个物理符号系统，具有执行符号操作的能力，并能够模拟人类认知过程。这种模拟主要针对人类左脑的抽象逻辑思维。符号主义通过研究人类认知系统的功能机制，采用符号描绘认知过程，并将这些符号输入能够处理符号的计算机系统中，以此模拟人的认知过程，实现人工智能。

3. 应用

符号主义在专家系统、自然语言处理、知识工程等方面有着广泛应用。

（1）专家系统

符号主义在人工智能中的一个重要应用是模拟人类专家的推理过程，利用大量规则和符号表示知识，进行逻辑推理与问题求解。在医疗领域中，专家系统可以根据患者的症状、病史等信息，结合医学知识与推理规则提出诊断建议；在金融领域中，专家系统能够分析市场数据并进行预测，为投资者提供决策支持；在法律领域中，专家系统可以依据法律法规与案例，为用户提供法律意见和解决方案。

（2）自然语言处理

符号主义认为语言是一种符号系统，通过解析和转换符号（如单词、短语和句子）来表达和理解语言的意义。机器翻译系统是符号主义在自然语言处理中的典型应用。它通过符号的映射与转换，实现语言翻译。智能问答系统通过语义分析与知识检索技术，根据用户提出的问题，运用符号处理技术提供准确答案。

（3）知识工程

符号主义强调知识的符号化表示，因此知识表示系统也是其重要的应用之一。知识表示系统通过构建符号化的知识库来编码和存储人类的知识和经验，使计算机能够理解和运用。这些知识库在推理、决策、学习等多个领域具有重要作用。例如，在智能决策支持系统中，知识库可以为决策者提供相关的知识和信息，辅助决策者作出合理的决策。

知识点 2 联结主义

联结主义是人工智能领域以神经科学为启发的学派，强调智能活动是由大量简单单元通过复杂连接后并行运行的结果。其核心思想是：既然人脑智能是由神经网络产生的，那就通过人工方式构造神经网络，再通过训练产生智能。该学派认为，知识并非是通过预先编程获得的，而是通过对大量数据的学习，由神经元之间联结权重的动态调整逐步形成的。这一过程与人类通过感官经验建立认知能力的方式高度相似。

1. 发展历程

（1）早期探索

1943 年，麦卡洛克和皮茨提出了 M-P 模型。该模型首次从数学角度描述了神经元的工作原理。该模型能够接收多个输入信号，通过加权求和和阈值函数输出二进制信号。该模型为人工神经网络奠定了数学基础。

1957 年，弗兰克·罗森布拉特（Frank Rosenblatt）在 M-P 模型的基础上发明了感知机。作为首个可训练的神经网络，感知机通过调整权重实现对线性可分数据的分类，并成功应用于字符识别等简单任务。这一成果首次证明了人工神经网络具备学习能力，开启了联结主义在模式识别领域的探索。

（2）挫折与蛰伏

随着研究的深入，感知机的局限性逐渐显现。研究表明，感知机只能处理线性可分问题，对于复杂的非线性分类任务却"无能为力"。同时，由于当时计算能力的限制，无法支持大规模神经网络的训练与运算。这些问题导致联结主义的发展陷入困境。此外，缺乏有效的学习算法也让神经网络的研究在这一时期遭遇严重挫折，进入"第一次人工智能寒冬"。在这一时期，神经网络研究几乎停滞。

（3）复兴与崛起

20 世纪 80 年代，随着计算机技术的飞速发展，计算机硬件性能得到了显著提升，为神经网络的研究提供了强大的计算支持。1986 年，鲁梅尔哈特与詹姆斯·麦克莱兰（James McClelland）团队重新提出并完善了反向传播算法，成功解决了多层神经网络的权重优化难题。该算法通过梯度下降策略，将输出误差逐层反向传播至输入层，实现了对隐藏层权重的高效调整，使神经网络首次具备了处理非线性问题的能力。

此后，联结主义迎来了蓬勃发展的时期。1998 年，杨立昆（Yann LeCun）提出了卷积神经网络（Convolutional Neural Network，CNN），通过局部连接、权重共享和池化操作，显著提升了图像特征提取的效率。

21 世纪以来，随着图形处理单元（Graphics Processing Unit，GPU）算力的快速提升和大数据的积累，联结主义迈入了深度学习时代。循环神经网络（Recurrent Neural Network，RNN）突破了序列数据处理的瓶颈，在语音识别和自然语言处理领域取得重要进展。Transformer 架构凭借自注意力机制，更新了长距离依赖的建模方式，推动了 GPT 等大语言模型的诞生。联结主义在复杂任务上的表现超越传统符号主义。

2. 核心原理与技术体系

（1）神经元与神经网络架构

联结主义的核心是构建人工神经网络（Artificial Neural Network，ANN），它以人工神经元为基本单元。人工神经元模仿生物神经元的结构与功能，如图 1-4 所示。每个神经元可以接收来自其他神经元或外部数据源的多个输入信号。多个神经元按照特定的层次结构联结在一起，形成神经网络。

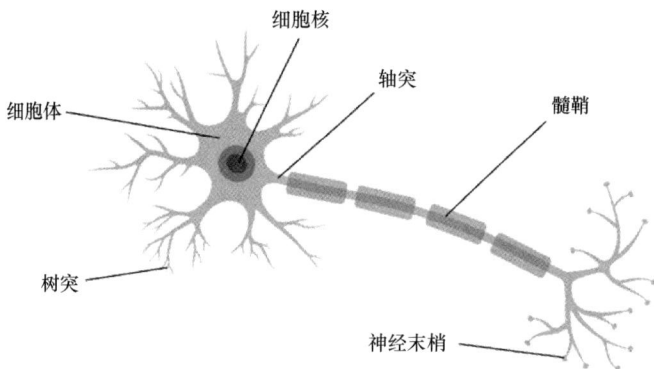

图 1-4　生物神经元

与生物神经网络类似，人工神经网络也是由众多人工神经元组成的，其基本架构可以看作是多层感知机（Multilayer Perceptron，MLP）。多层感知机包含输入层、隐藏层和输出层，如图 1-5 所示。输入层负责接收外部数据，如一幅图像的像素值或一段语音的音频信号。隐藏层位于输入层和输出层之间，通常由一层或多层组成，其作用是对输入数据进行复杂的特征提取与转换。每一层的神经元都会对上一层的

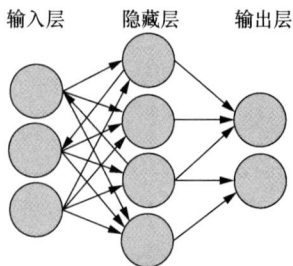

图 1-5　多层感知机

输出进行处理。输出层则根据任务需求，提供最终的预测结果。例如，在图像识别任务中，输出层可能给出图像所属的类别；在语音识别任务中，输出层可能输出识别出的文

本内容。不同层之间的神经元连接方式可采用全连接的方式，即每一个神经元都与相邻层的所有神经元相连；也可以根据任务需求采用部分连接。例如，在 CNN 中，卷积层的神经元只与输入神经元的局部区域相连。这种设计能够有效减少参数数量并提高计算效率。

（2）学习与训练机制

神经网络通过调整神经元连接的权重实现学习，其训练机制主要分为三类：监督学习、无监督学习和半监督学习。

监督学习适用于有明确目标输出的任务。例如，在猫狗图像识别任务中，训练数据包含大量猫和狗的图片，每张图片都有对应的标签"猫"或"狗"。神经网络接收训练数据，并给出预测输出。然后，通过损失函数量化预测输出与真实标签之间的差异。常见的损失函数包括均方误差、交叉熵等。以交叉熵为例，它能够有效衡量预测概率分布与真实分布之间的距离。损失函数值越小，说明预测输出与真实标签越接近。

接着使用反向传播算法将误差从输出层反向传播到输入层。在反向传播过程中，根据误差对每个神经元连接的权重进行调整。调整的幅度与误差大小、学习率等因素相关。学习率是一个预先设定的参数，用于控制权重调整的步长。如果学习率过大，权重可能跳过最优值，无法收敛；如果学习率过小，则训练过程过于缓慢。神经网络通过多次迭代训练数据持续调整权重，直至损失函数值足够小或满足停止条件。

除了监督学习，还有无监督学习和半监督学习。无监督学习用于在没有标签的数据中发现潜在的模式和结构，例如，聚类算法可以将相似的数据点归为一组；半监督学习则结合少量有标签数据和大量无标签数据进行训练。

3. 应用

联结主义凭借其强大的模式学习能力，在多个关键领域实现技术突破，推动产业智能化升级。

（1）计算机视觉

基于 CNN 和 Transformer 架构，联结主义技术实现了图像特征的层级提取与语义建模。例如，在生物特征识别领域，通过 CNN 构建多层特征提取器，逐层提取人脸图像的边缘、纹理、轮廓等特征，最终通过 Softmax 分类器实现身份匹配。

在工业生产线上，联结主义技术可以助力产品质量检测。例如，利用 CNN 对产品表面图像进行分析，可以准确识别划痕、裂纹、色差等细微瑕疵。相比传统的人工检测方法，这种技术不仅检测速度更快，而且精度更高，有效保障了产品质量，降低了次品率。

（2）语音处理

基于 RNN 和 Transformer 架构，联结主义技术可以有效处理语音信号。当前，智能语音助手（如苹果公司的 Siri、亚马逊公司的 Alexa、百度公司的小度等）通常采用"语音识别+自然语言理解+语音合成"的全链条解决方案。这些智能语音助手通过对海量语音数据的学习，能够精准识别来自不同口音、语速和语调的人类语音。

（3）自然语言处理

基于 Transformer 架构的预训练模型能够实现语言的上下文建模以及长距离依赖处理。这类技术的应用极大提升了自然语言处理任务的效果。例如，在谷歌翻译中，深度学习技术的引入显著提高了翻译的准确性和流畅性，相较于传统机器翻译方法实现了质的飞跃。此外，在文本分类、情感分析等任务中，基于神经网络的联结主义技术同样表现出色。例如，在新闻媒体领域，利用神经网络可以快速判断新闻文章的类别（如体育、科技、娱乐等），方便用户高效筛选感兴趣的内容。在社交媒体监测中，通过情感分析模型，判断用户发布的文本的情感倾向（如正面、负面或中性），为企业了解舆情动态和制定营销策略提供有力支持。

联结主义技术通过模拟大脑神经机制，在感知类任务中展现出超越传统方法的性能，推动人工智能从"规则驱动"向"数据驱动"转变。

知识点 3　行为主义

行为主义主张以可观察的行为作为研究对象，而不是研究人类不可观察的"意识"或"内心活动"。其基本假设是：通过实验揭示刺激（Stimulus）与反应（Response）之间的规律，从而实现对行为的预测和控制。

1. 起源与发展

（1）早期行为主义

1913 年，美国心理学家约翰·布罗德斯·沃森（John Broadus Watson）创立了早期行为主义，标志着心理学从主观内省方法转向客观实验科学方法。这一转型是针对当时结构主义和功能主义依赖内省法的局限性而提出的。沃森认为，心理学的研究对象应该是可观察和可测量的行为，研究方法应采用实验和观察。他主张摒弃内省法，采用自然科学的实验方法（如条件反射法、观察法），并强调"刺激—反应"的直接联结关系。

（2）新行为主义

针对早期行为主义过度机械化、忽视个体内在心理过程的局限，新行为主义者在坚持实验科学方法的同时，引入了更多解释性变量。爱德华·蔡斯·托尔曼（Edward Chace Tolman）提出"认知地图"的概念，强调行为的目标导向性；克拉克·赫尔（Clark Hull）提出内驱力与习惯强度的数学公式，并构建假设演绎系统，试图量化行为规律；伯勒斯·弗雷德里克·斯金纳（Burrhus Frederic Skinner）提出了操作性行为主义理论，并强调强化在学习中的重要作用。新行为主义在坚持行为主义研究精神的基础上，吸收了认知心理学的研究成果，引入中间变量等概念，关注个体当时的生理和心理状态对行为的影响。

（3）社会学习理论

艾伯特·班杜拉（Albert Bandura）批判了传统行为主义忽视认知作用的局限，提出了社会学习理论，他认为观察学习是最重要的概念，个体无须亲身经历强化，也可以通过观察他人行为及其后果来学习新行为。

2. 核心原理

（1）经典条件反射：刺激联结的建立

伊万·巴甫洛夫（Ivan Pavlov）通过狗的消化实验证明，当中性刺激（铃声）与无条件刺激（食物）多次配对后，中性刺激可以引发条件反应（听到铃声就分泌唾液）。经典条件反射解释了一些基础行为的习得过程。

（2）操作性条件反射：结果导向的行为塑造

斯金纳提出，个体行为会受到结果的影响，行为的后果决定其是否会重复发生。在斯金纳箱实验中，由于老鼠在箱中按压杠杆即可获得食物，因此，老鼠逐渐学会了按压杠杆的行为。这一过程中涉及的主要概念包括正强化、负强化和惩罚。正强化是通过提供奖励来增加行为发生的概率；负强化则是通过移除厌恶刺激增加行为发生的概率；惩罚则是通过引入不利后果来减少行为发生的概率。

（3）效果律：行为结果的反馈作用

爱德华·桑代克（Edward Thorndike）通过饿猫开迷箱实验，提出了效果律。他认为，行为如果带来满意的结果，就可能会重复，其神经联结的强度会增加；行为如果带来不适的结果，则会被抑制。

3. 应用

行为主义通过揭示"刺激—反应"联结机制，在教育、心理治疗、管理等领域形成系统性的应用体系。其核心价值在于通过可操作的强化策略，实现对行为的预测与控制。

（1）教育领域

行为主义在教育领域的应用主要体现在行为矫正与习惯养成上。例如，学校采用积分或小红花奖励等方式强化学生的学习行为，帮助学生养成良好的学习习惯和行为规范。

程序教学也是行为主义在教育领域的重要应用。它将学习内容细化为小任务，学生可以根据自己的学习进度逐步完成这些任务。学生每完成一个任务后，都会收到及时的反馈和强化激励，从而提升学习效果。

（2）心理治疗领域

行为疗法是一种通过重新构建"刺激—反应"联结机制来改变异常行为的心理治

疗方法。例如，系统脱敏法（Systematic Desensitization）常用于治疗恐惧症。该方法让患者逐步接触恐惧情境，并结合放松训练，使患者对恐惧源的焦虑反应逐渐减轻，乃至消失。

厌恶疗法主要用于矫正一些不良行为，如酗酒、吸烟等。该疗法利用经典条件反射，将不良行为与厌恶刺激相结合，从而降低不良行为的发生频率。

（3）管理领域

在管理领域中，强化理论被广泛用于提高员工工作效率。例如，企业可以通过奖金、晋升等奖励措施来鼓励员工积极工作；同时，通过批评、警告等惩罚措施减少员工的消极行为。

（4）广告与市场营销领域

行为主义通过环境设计影响消费者的购买行为，例如，通过广告的重复播放、促销活动等方式，刺激消费者的购买欲望，培养消费者对产品的积极态度和购买习惯。

三大学派的核心思想分别从不同角度探讨机器对人类思维模式的模拟。符号主义强调通过数理逻辑与符号规则模拟人类的抽象思维；联结主义通过模拟人脑神经网络，强调感知与模式识别；行为主义则聚焦智能体与环境的交互，突出"刺激—反应"联结机制的重要性。随着技术发展，三大学派呈现出深度交叉与融合的趋势，共同推动人工智能向更智能、更可靠、更贴近人类认知的方向持续发展。

学习任务 4　人工智能的基本架构

人工智能的基本架构可以类比为一个精密的金字塔结构。基础层提供算力、数据资源，技术层包括算法与模型、技术开发，应用层则负责实现具体场景的落地，如图 1-6 所示。这三大层次既相互独立又紧密耦合，共同构成智能化系统的运行基础。

图 1-6　人工智能的基本架构

1. 基础层

基础层位于人工智能基本架构的底层，是整个系统的基石。它主要包括算力和数据资源两个方面。

（1）算力

算力即计算能力，指处理大数据集、运行复杂算法所需的计算机硬件和软件资源。它是人工智能系统高效运行的核心驱动力。高性能计算机、云计算平台、大数据中心构成了算力的主要组成部分。

高性能计算机具备先进的处理器、大容量内存和高速存储设备，能够高效处理和分析海量数据，满足人工智能算法的运算需求。

云计算平台通过虚拟化技术集中管理计算资源，并根据需求灵活分配计算资源，使用户能够随时随地访问和使用强大的算力。云计算平台为人工智能系统的灵活部署和高效运行提供了支持。

大数据中心作为数据存储和处理的基础设施，可以高效存储、管理和分析数据。它是人工智能系统获取、整合和分析数据的重要支撑。

（2）数据资源

数据资源是人工智能系统进行学习和决策的基础。高质量、大规模的数据集对训练模型和优化算法至关重要。持续稳定的数据供给是算法优化的关键。缺乏充足且高质量的数据，即使拥有强大的算力，也难以训练出优秀的模型。数据通常来源于互联网、传感器、智能设备等多个渠道。

数据采集是数据流管理中的重要环节，常见的数据来源包括自行采集、第三方数据采购或利用现有的数据资源。

数据理解是数据处理的关键阶段。数据理解涉及对数据的深入分析，包括内容、准确性以及潜在价值等。例如，在人脸识别应用中，系统需要识别出包含人脸的部分，为后续的数据预处理和模型训练奠定基础。

原始数据可能会受到各种环境因素的影响，存在格式不一致或质量参差不齐等问题。为了确保预测的准确性和有效性，数据预处理成为数据流管理中的关键环节。数据预处理包括数据清洗、缺失值填充、异常值检测等步骤。

除了算力和数据资源，基础层还包括算法系统、网络等基础设施。这些设施为人工智能系统提供必要的算法支持、数据传输和通信能力。

2. 技术层

技术层是人工智能系统的核心部分，其关键任务是将基础层的算力和数据资源转化为实际应用。通过算法、模型和技术开发，技术层能够将抽象的数据和算力转化为具体的智能服务和解决方案。这些智能服务和解决方案广泛应用于自然语言处理、人机交互、计算机视觉、生物特征识别以及虚拟现实（Virtual Reality，VR）/增强现实（Augmented Reality，AR）等领域。

（1）算法与模型

算法是人工智能系统的"大脑"，是实现智能决策和预测的基础。在技术层中，各种机器学习、深度学习算法（如决策树、支持向量机、神经网络等）发挥着核心作用。这些算法通过学习和优化，从数据中提取有用的信息，并发现数据之间的关联和规律，从而实现智能决策和预测。

模型是算法的具体实现形式。在技术层中，模型的设计和开发至关重要。一个优秀的模型能够准确反映数据的特征和规律，可以提高算法的准确性和效率。

（2）技术开发

技术开发是技术层的重要组成部分，包括算法实现、模型训练和优化调试等过程。良好的技术开发可以保障算法与模型的有效性和准确性。

3. 应用层

应用层位于人工智能基本架构的顶层，是人工智能与社会各领域深度融合的直接体现。它以行业的具体需求为导向，运用人工智能技术开发智能化产品。

人工智能的基本架构是技术创新与工程实践的成果，它以基础层为支撑，通过技术层的创新，最终在应用层实现价值转化。

【学习小结】

本学习主题全面介绍了人工智能的基础知识和核心概念，回顾了人工智能的关键发展节点，阐述了人工智能的三大主要学派——符号主义、联结主义和行为主义，并详细解析了人工智能的基本架构，包括基础层、技术层和应用层。通过学习，读者将建立对人工智能全面系统的认识，为后续深入学习人工智能的技术和应用奠定坚实的基础。

【思考与练习】

一、选择题

1. 人工智能的核心目标是什么？（　　　）

    A. 让机器完全取代人类

    B. 模拟、延伸和拓展人类智能

    C. 实现计算机的全面自动化

    D. 提高计算机的运算速度

2. 下列哪项不属于人工智能的分类？（　　　）

    A. 弱人工智能   B. 强人工智能

    C. 超强人工智能   D. 自然人工智能

3. 人工智能的基本架构不包括以下哪个层次？（　　　）

    A. 基础层   B. 技术层   C. 应用层   D. 逻辑层

4．在人工智能的技术层中，哪个元素是"大脑"，负责实现智能决策和预测？

（　　　）

  A．数据资源 B．算法   C．算力   D．网络设施

二、论述题

1．请简要解释人工智能的概念，并举例说明人工智能在日常生活中的应用。

2．弱人工智能、强人工智能和超强人工智能之间有何主要区别？请分别给出它们的定义和应用实例。

3．阐述人工智能基本架构的三个层次，并解释每个层次在人工智能系统中的作用。

4．在人工智能的技术层中，算法与模型扮演着什么样的角色？

5．结合所学知识，讨论人工智能在某一特定行业（如制造、金融等）中的应用前景及可能带来的变革。

学习模块 Ⅱ
人工智能技术支撑

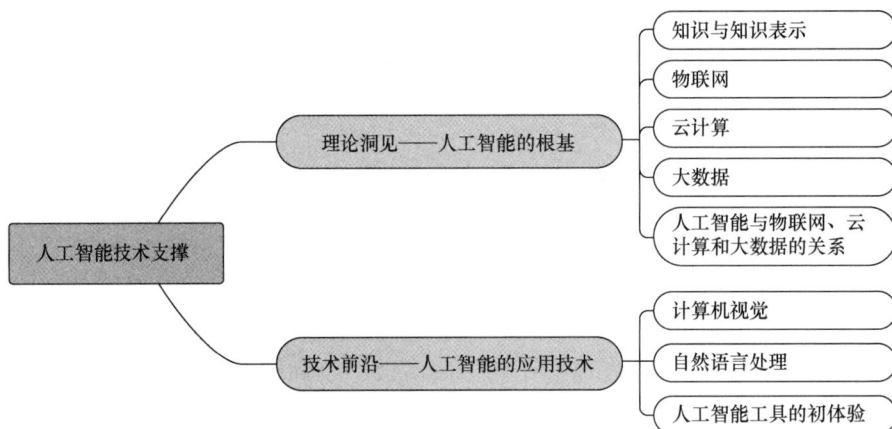

```
人工智能技术支撑 ┬ 理论洞见——人工智能的根基 ┬ 知识与知识表示
                │                          ├ 物联网
                │                          ├ 云计算
                │                          ├ 大数据
                │                          └ 人工智能与物联网、云计算和大数据的关系
                └ 技术前沿——人工智能的应用技术 ┬ 计算机视觉
                                           ├ 自然语言处理
                                           └ 人工智能工具的初体验
```

PART 02

学习主题 2
理论洞见
——人工智能的根基

【学习导读】

  人工智能研究范围广泛，涵盖从基础理论研究到实际应用的各种技术。在本学习主题中，我们将深入探讨人工智能的核心理论。这些理论不仅是理解人工智能的关键，也是推动其发展的重要动力。本学习主题将围绕知识与知识表示、物联网、云计算以及大数据等关键领域展开，为后续学习人工智能的应用奠定理论基础。

学习目标	
	● 理解知识的概念及知识表示的方法。
	● 熟悉物联网与人工智能的联系。
	● 熟悉云计算与人工智能的联系。
	● 熟悉大数据与人工智能的联系。

素养目标	
	● 引导学生深入观察人工智能相关技术如何改变我们的生活方式、工作模式以及社会结构，培养学生的科技敏感性和社会洞察力。
	● 鼓励学生思考在大数据和云计算环境下如何确保用户数据的安全性和隐私性，明确企业和个人应承担的责任，培养学生的信息安全意识和数据保护意识。

【思维导图】

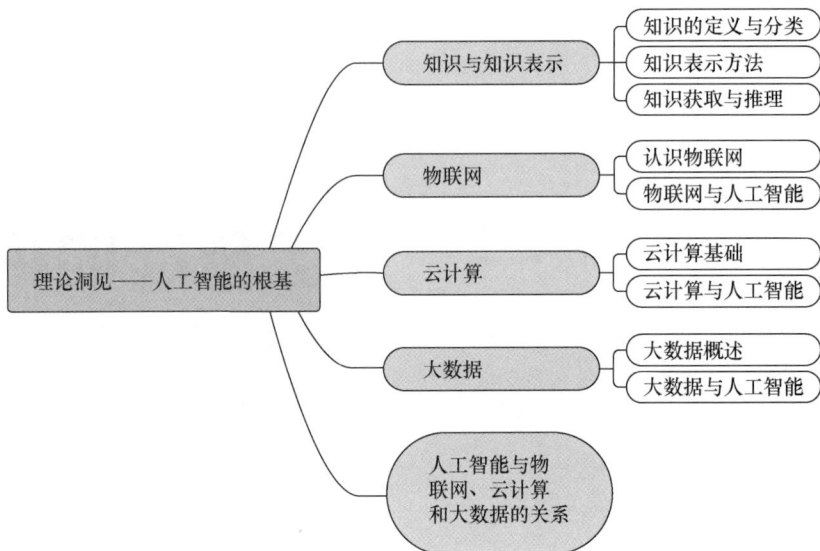

学习任务1　知识与知识表示

　　人类的智能活动本质上是一个获取并有效利用知识的动态过程，知识是智能活动的核心基础。为了使计算机具备智能并模拟人类的认知与推理行为，必须为其提供相应的知识资源。人类的知识必须转化为适合计算机存储和处理的形式。因此，知识表示在人工智能的研究中具有重要意义，是实现智能系统的前提条件。

知识点1　知识的定义与分类

　　知识是人们在生活实践和科学研究中，逐步积累抽象出来的对客观世界的认识与经验。从信息的角度看，知识是一种关联性的信息结构，即相关信息通过一定的关系连接在一起。

　　信息之间存在多种关联形式，不同的关系构成了不同类型的知识，它们都反映了客观事物之间的内在关系。例如，在对知识进行表述时，常用的一种形式是规则，即"如果……则……"，这种形式反映了信息之间的因果关系。

　　如图2-1所示，每当冬天即将来临时，总会看到大雁向南迁徙。因此，人们将"大雁南飞"与"冬天即将来临"这两个信息关联在一起，总结出如下知识：如果大雁南飞，则冬天就要来临。这种"条件—结论"形式的知识就是典型的规则。

　　"雪是白色的"也是一条知识。这是一种属性关系（或描述性关系），反映了"雪"的属性是"白色"。这种形式的知识被称为事实。

图 2-1　每当冬天即将来临时，总会看到大雁向南迁徙

1. 知识的维度

理解知识的维度是掌握人工智能中知识表示的基础。层次结构、动态性、共享性、可访问性是知识的四大核心属性，分别从结构形态、时间变化、传播特性、获取难度四个维度揭示了知识的本质特征。

知识的层次结构帮助我们理解从一般到具体的不同抽象级别，知识的网络结构揭示了知识元素之间的复杂联系。知识的动态性强调知识不是静止不变的，而是随着新信息的获取和旧信息的淘汰而不断变化的。知识的共享性决定了知识能否被传播。知识的可访问性决定了其能否在实际任务中被有效利用。

2. 知识的类型

知识的类型多样，可以从不同角度进行分类。一种常见的分类是将知识分为显性知识和隐性知识。显性知识指的是那些可以通过书面文字、图表、公式等明确形式表达出来的知识，如图 2-2 所示。这类知识易于编码、存储和传播。科学原理、数学定理和历史事件都属于显性知识。显性知识的优势在于普遍性和可分享性，人们能够快速学习和应用这些知识。

隐性知识则是指那些不易用语言表达，通常隐藏于个人经验、技能和直觉中的知识。这种知识往往与个体的认知模式和行为习惯紧密相关，例如，艺术家的创作技巧或领导者的决策智慧，如图 2-2 所示。隐性知识具有深度和独特性，但难以被传播和形式化。

图 2-2　公式代表的显性知识与经验技能代表的隐性知识

知识的类型还可以按功能和应用场景进行划分。陈述性知识主要涉及事实、概念和原理，它回答"是什么"的问题，是构建知识体系的基础。程序性知识则关注技能和操作步骤，它回答"如何做"的问题，可以指导个体在特定情境下的行为。条件性知识说明了在不同条件下如何应用陈述性和程序性知识，它回答"在什么时候做什么"的问题。对于人工智能系统而言，理解并模拟这些不同类型的知识，是实现高级智能行为的关键。

知识点2 知识表示方法

知识表示方法直接影响智能系统处理信息的效率和准确性。语义网络表示法、框架表示法和本体表示法是三种常用的知识表示方法，它们具有不同的特点和应用场景。这些方法不仅为机器提供了一种理解和处理复杂概念及关系的框架，也为实现高级智能行为奠定了基础。

1. 语义网络表示法

语义网络表示法是一种图形化的知识表示方法。它通过节点和边直观地展现概念及其相互关系。在语义网络中，每个节点表示一个概念或实体，边表示这些概念或实体之间的关系。这种表示方法具有直观性和灵活性，能够清晰呈现复杂的概念和关系。例如，构建一个关于家庭成员的语义网络，"父亲"和"儿子"可以通过边相互连接。又如，构建一个动物种类和特征之间关系的语义网络，如图 2-3 所示，通过该网络可判断动物所属的类别等信息。

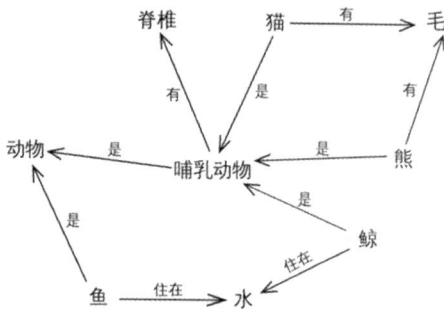

图2-3 语义网络

语义网络还能表示不同类型的关系，包括同义关系、部分与整体关系和因果关系等。这种多样性使得语义网络成为处理自然语言和理解语义内容的重要工具。在人工智能领域中，语义网络可以用于构建知识库、信息检索与问答系统，它还可以辅助决策过程，通过分析网络路径来发现潜在的问题。然而，语义网络也存在局限性。例如，在处理大规模知识库时，语义网络可能会变得过于庞大，因此难以维护和管理。

2. 框架表示法

1975 年，美国人工智能学者马尔温·明斯基提出了框架理论。该理论认为，人们对现实世界中各种事物的认识以一种类似于框架的结构存储在记忆中。当面对一个新事物时，人们会从记忆中找出一个合适的框架，并根据实际情况对其细节进行修改和补充，从而形成对当前事物的认识。例如，一个人在走进教室之前，可以依据以往对"教室"的认识，想象出这个教室一定有四面墙、门、窗、天花板和地板，还有课桌、凳子、讲台和黑板等。尽管他对这个教室的大小、门窗的数量、课桌和凳子的数量以及颜色等细节尚不清楚，但对教室的基本结构却是可以预见的。这是因为通过以往看到的教室，他已经在记忆中建立了关于教室的框架。这个框架不仅包含"教室"这一事物的名称，还包括其相关特征（如有四面墙、有课桌、有黑板等）。通过查找这个框架，很容易推测出教室的各个特征。当他进入教室后，通过观察获取具体的信息，如教室的大小、门窗的数量、课桌和凳子的数量、颜色等，并将这些信息填入教室框架中，就形成了一个特定的事例框架，如图 2-4 所示。

图 2-4　以教室为对象的事例框架

3. 本体表示法

本体是一种形式化、共享且明确的概念化规范。它通过显式和形式化的方式描述语义，旨在提高不同系统和应用之间的知识互操作性，并促进知识共享。近年来，本体表示法被广泛应用于知识表示领域，其核心目标是统一领域知识，构建层次化的语义体系，使计算机能够理解、处理并重用知识。

本体层级体系的基本组成部分包括 5 种基本的建模元语，分别是：类、关系、函数、公理和实例。在知识建模中，本体表示法通过领域本体知识库对知识进行统一建模，既能体现纵向的类属层次，又能通过语义关联揭示横向联系。借助推理机，这些知识能够支持逻辑推理，显著提高知识检索的查全率和查准率。本体表示法能够将零散的知识转化为结构化、可计算的形式，广泛应用于推荐系统、智能问答等应用场景。

知识点 3　知识获取与推理

在人工智能的发展历程中，知识获取与推理是两个至关重要的环节，它们共同构成了智能系统理解世界和做出决策的基础。

知识获取是智能系统从外部环境或数据源中获取信息和构建知识库的过程，它不仅包括从结构化或非结构化数据中提取有用信息，还涵盖了利用数据挖掘和自然语言处理等方法，将海量数据转化为可理解、可运用的知识。

推理是智能系统利用已有知识进行逻辑推导的能力。它使系统能够基于已知的事实和规则，预测未知情况或做出决策。常见的推理方法包括基于规则的推理、基于案例的推理和基于模型的推理等。

对知识获取与推理的研究，揭示了智能系统从数据中学习知识的过程，展示了系统如何利用这些知识进行复杂推理。

1. 知识获取

知识获取（Knowledge Acquisition）是指从各种来源中搜集、整理、提炼和表示知识的过程。

在人工智能早期阶段，知识获取主要依赖于人类编纂。这种方法被广泛应用于多个项目中，如 CYC、OpenMind Common Sense 和 HowNet。

● CYC 项目：CYC 旨在构建一个广泛覆盖人类常识的知识库。其方法是由知识专家团队将常识性断言手工录入 CYC 知识库。这种方法虽然耗时费力，但确保了知识的准确性和完整性。

● OpenMind Common Sense（OMCS）项目：OMCS 项目同样致力于构建常识知识库，但它采用了一种更开放的方式。OMCS 通过互联网，将知识搜集这一任务分发给志愿者，并提供在线协作平台，用于支持大规模常识数据库的构建工作。志愿者可以以自然语言输入知识，并对其他人输入的知识进行评估。这种方法不仅提高了知识搜集的效率，还增强了知识的多样性和覆盖范围。

● HowNet 项目：HowNet 是一个大型的双语常识知识库，包含丰富的词汇和概念信息，以及它们之间的语义关系。HowNet 采用一种基于"义原（Sememe）"的知识表示方法，将词汇和概念分解为更基本的语义单元。这种方法使 HowNet 在语义理解和自然语言处理领域具有重要的应用价值。

人工智能的知识获取方式逐渐多元化，常见获取方式包括通过劳动获取知识、通过交互获取知识以及通过推理获取知识等。

在人类社会中，思想和经验是知识的重要来源。知识获取通常通过团队协作来完成。团队成员包括经过专业训练的知识工程师和未受过系统培训的志愿者。知识工程师掌握特定的形式化语言的表示方法，能够将常识性知识（Common Sense Knowledge，CSK）编码为计算机可理解的格式，使其能够被直接解析与利用；志愿者则主要通过手工录入或协作平台进行知识贡献。尽管人工录入效率有限，但这种方式仍然是早期知识获取的重要途径。

与单纯依赖人工录入的方式不同，互动式知识获取更加注重人机之间的交互过程。这种方式不仅能够激发用户的参与热情，还能使知识获取过程更加高效、愉快和可持续。互动通常依赖人机交互（Human-Computer Interaction，HCI）技术，其主要表现形式包括交互式用户界面和游戏化界面。在交互式用户界面中，用户输入知识后可以获得即时反馈，感知到计算机正在"学习"或"理解"其输入内容。这种即时交互能增强用户的认同感和成就感，从而激励其持续参与知识贡献。游戏化界面将知识输入过程设计为游戏任务，使用户在完成任务和享受娱乐的同时，向系统贡献知识。这种方法不仅提升了知识获取的趣味性，还有效扩大了知识库的规模和多样性。

2. 推理

推理获取知识的机制是从现有的知识库中自动推导出潜在的新知识的能力。常见的推理技术包括演绎推理、归纳推理、类比推理。下面将做详细介绍。

演绎推理是从一般到特殊的逻辑推导过程，它基于普遍性的前提，推导出特定结论。这种推理形式在逻辑和数学证明中尤为重要，只要前提为真，结论必然为真。亚里士多德最早系统研究了演绎推理，欧几里得在《几何原本》中展示了如何从公理出发，通过演绎法构建严密的知识体系。演绎推理的逻辑形式对于保持思维的严密性和一致性至关重要，因为它不依赖内容，而是依赖推理的形式。

归纳推理是从特殊到一般的推理方式，它通过观察特定案例，推广出一般性的规律或原则。在机器学习和数据挖掘领域中，归纳推理尤为重要，它通过分析大量数据样本建立模型并进行预测。

类比推理则通过比较不同事物的相似性进行推理。这种方法在处理新领域问题时尤为有效，可以通过已知情况推测未知情况。类比推理在人工智能领域中发挥着重要作用，它使机器能够识别不同领域之间的相似性，从而将一个领域的知识迁移到另一个领域，促进跨学科学习和创新。通过模仿人类利用已知案例理解新情境的方式，人工智能系统能够解决复杂问题、生成创新解决方案、提高学习效率。这种推理方式在自然语言处理、推荐系统等众多应用中展现出高度的适应性和灵活性。类比推理不仅增强了机器的模式识别能力，还提供了一种接近人类直觉的解决问题的方法，扩展了人工智能的应用范围。

学习任务 2　物联网

知识点 1　认识物联网

1. 物联网的定义

物联网（Internet of Things，IoT）是一个由互联网、传统电信网、传感器网络等多种网络组成的网络体系，能够实现物体之间的信息交换和通信。物联网的核心是"万物互联"，如图 2-5 所示，即通过互联网将传感器、设备、机器等连接起来，实现智能化的识别、定位、追踪、监控和管理。

图 2-5 "万物互联"

2. 物联网的起源与特点

物联网的概念最早由比尔·盖茨（Bill Gates）提出。当时受限于无线网络、硬件及传感设备的发展水平，物联网并未引起广泛关注。随着互联网技术和硬件设备的不断进步，物联网成为了新一代信息技术的典型代表，开启了"万物互联"的新时代。物联网的主要特点包括以下几个方面。

（1）互联性：物联网不仅连接传统计算设备，还将各种信息传感设备、家用电器、工业设备等接入网络，形成覆盖广泛、复杂多样的网络体系。

（2）智能性：基于先进的算法和技术，物联网能够对物体进行智能化识别、定位、追踪和监控，并在特定情况下自主决策，实现自动化管理。

（3）数据驱动：物联网的核心价值在于数据的收集、分析和应用。通过对海量数据的挖掘与分析，物联网能够为各类应用场景提供精准、实时的信息支持，辅助智能化决策。

（4）自动化：物联网技术能显著减少人工干预，提高工作效率和操作准确性。例如，在智能家居中，物联网设备可以根据预设规则自动执行操作，如调节室内温度、控制灯光开关等。

（5）扩展性：物联网具有极高的可扩展性，能够轻松适应各种复杂的应用场景。其应用领域广泛，涵盖智能家居、智慧城市、工业自动化及医疗健康等。

3. 物联网的关键技术

物联网涉及多项关键技术。正是这些技术的不断发展推动了物联网的广泛应用。物联网的关键技术如下。

（1）传感器技术：作为物联网的基础，传感器负责采集各种物理量并将其转换为电信号进行传输。随着技术的不断进步，传感器的精度、稳定性和可靠性不断提升，为物联网的发展提供了重要支持。

（2）无线通信技术：物联网设备之间需要借助无线通信技术进行数据传输。目前，WiFi、蓝牙、ZigBee、NB-IoT 等多种无线通信技术已被广泛应用于物联网领域。这些技术各具特色，适用于不同的应用场景。

（3）云计算技术和边缘计算技术：云计算技术和边缘计算技术为物联网提供强大的数据处理和分析能力。云计算技术主要负责海量的存储、计算和智能分析；边缘计算技术则更侧重在数据产生源头进行处理和分析，从而降低时延，提高响应速度。

（4）人工智能和机器学习技术：人工智能和机器学习技术提升了物联网系统智能化水平。通过训练机器学习模型，物联网系统能够实现自主学习、优化和决策，进而提高整体性能。

（5）安全技术：物联网设备的数据安全是物联网发展的关键。物联网安全技术包括加密技术、身份验证技术、访问控制技术以及安全监测技术。

4. 物联网的基本特征与架构

物联网具备三个基本特征：全面感知、可靠传输和智能处理。

物联网的全面感知能力依赖于传感器、射频识别、定位器及二维码等技术的综合应用。这些技术使物联网能够随时随地对物体进行信息采集与传输。通过为每件物体植入"能说会道"的传感器，物联网赋予无生命的物体感知能力，使其能够"感知"并"了解"自身状态以及外界环境需求。例如，洗衣机借助物联网传感器，可以精准识别衣物的洗涤需求，调整水温与洗涤方式，实现衣物护理的个性化与智能化。

物联网的可靠传输特性主要体现在其利用各类网络与互联网的深度融合，实现感知信息的实时远程传输、交互与共享。物联网充分利用现有的无线网络与有线网络资源，尤其是移动通信网络（如 4G、5G），作为传感器网络局部无线覆盖的补充，为物联网信息的远距离、高效率传输提供强有力的支持。这种可靠的信息传输机制保障了物联网信息的实时性与准确性。

物联网的智能处理能力是其核心竞争力的关键。通过运用人工智能、云计算与数据挖掘等智能计算技术，物联网能够对跨地域、跨行业、跨部门的海量数据进行深度分析与处理，从而增强对物理世界及经济社会活动的洞察力。这些信息不仅使物联网系统变得更加"博闻广识"，还为人类开发更高级的软件系统提供了可能。这些软件系统赋予机器类似人类的智能，使其能够全方位感知环境、迅速响应变化，并做出智能化的决策与控制。例如，在交通出行中，驾驶员能够通过联网手机实时获取路况信息，有效规避拥堵，提升出行效率。

同时，上述三个基本特征也分别对应物联网架构的 3 个重要层次，即感知层、传输层和应用层，如图 2-6 所示。

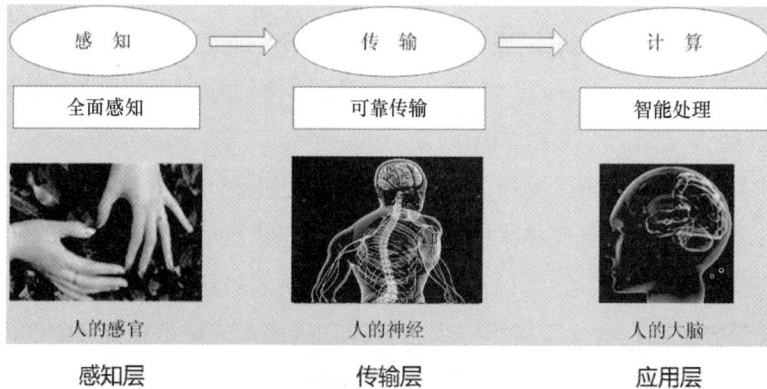

图 2-6　物联网架构

感知层是物联网架构的最底层，由各种传感器和感知设备组成，负责采集环境中的数据，如温度、湿度、光照、运动轨迹等。

传输层，又称网络层，负责通过各种通信技术（如蓝牙、LoRa、NB-IoT 等）将感知层采集的数据传输至更高层次的系统。

应用层是物联网架构中的顶层，直接面向最终用户。它包含各种应用程序和服务，利用平台层提供的数据和功能实现具体的业务逻辑和用户界面。

物联网的数据传递关系如图 2-7 所示。首先，通过感知层的传感器对数据进行采集；然后，数据通过传输层的网络进行可靠传输，并被发送至应用层，在应用层对数据进行处理。最后，处理后的数据再次通过传输层网络传输至感知层的基本感知设备中，以便执行下一步操作。

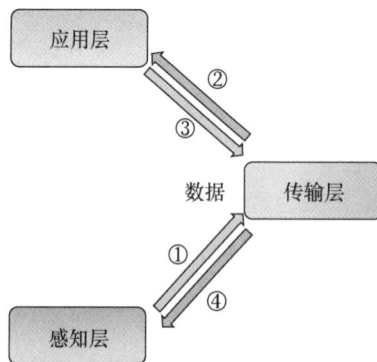

图 2-7　物联网的数据传递关系

物联网的架构通常分为多个功能层次，每个功能层次承担不同的功能和角色。除了上述基本架构层次外，还包括以下常见的功能层次。

● 平台层：作为物联网的中间件，该层提供设备管理、连接管理、数据存储、数据处理和分析等功能。它是连接物理设备和应用服务的桥梁。

● 应用支持层：该层提供开发工具、应用程序接口、数据库和其他服务，以支持应用程序的开发和运行。这一层为应用层提供必要的软件和数据支持。

● 业务层：该层包含物联网解决方案的具体业务逻辑和流程，通过应用层的服务来实现特定的业务目标和价值。

● 安全层：该层贯穿物联网的所有层次，提供设备认证、数据加密、网络安全和隐私保护等安全机制。

● 边缘计算层：该层是位于应用层和平台层之间的可选层。该层主要是在边缘端进行数据处理和分析，以减少数据延迟。

5. 物联网的应用领域

物联网的应用领域广泛且多样，包括智能家居、智慧城市、工业物联网、智能交通、环境监测、医疗健康、智慧农业等，如图 2-8 所示。物联网不仅深刻改变了人们的生活方式，还为各行各业的数字化转型提供强大的技术支持与驱动力。

图 2-8　物联网的应用领域

● 智能家居：通过物联网技术，家庭设备可以实现互联互通。用户能够通过手机等智能终端远程控制家中的电器、灯光、安防系统等设备，享受便捷、舒适的智能家居生活。

● 智慧城市：物联网技术在城市管理中的应用日益广泛，涵盖智能交通、环境监测、能源管理和公共安全等多个领域。城市管理者借助物联网技术可以实时掌握城市运行状态，提高管理效率和服务水平。

● 工业物联网：在制造业中，物联网技术广泛应用于自动生产线、设备监控与维护、质量控制等方面。企业通过物联网技术实现生产过程的数字化和智能化管理，提高生产效率，降低成本，并增强安全性。

● 医疗健康：物联网技术在医疗领域的应用也日益广泛，包括远程医疗监护、个性化医疗服务以及医疗设备管理等。医疗机构通过物联网技术可以实时掌握患者的健康状况，提供及时有效的医疗服务。

● 智慧农业：物联网技术在农业领域的应用称为智慧农业。借助物联网技术，农民可以实时监测土壤湿度、温度等环境因素，精确控制灌溉、施肥等操作，提高作物产量和质量，减少资源浪费。

物联网正在迅速发展，并逐渐改变我们的生活方式和工作模式。随着技术的不断进步，物联网的应用范围将更加广泛。

知识点 2　物联网与人工智能

物联网与人工智能的结合正在重塑现代技术生态。物联网通过海量传感器和设备采集数据，而人工智能具备数据分析的能力。这种结合使传统的数据采集不再局限于简单的监测与控制，而是能够实现预测性维护、智能决策等高级功能。例如，在工业领域中，物联网设备可以实时监测机器状态，而人工智能系统能够分析这些数据，提前预测设备故障，从而减少停机时间，提升生产效率，降低生产成本。

人工智能的进步也拓展了物联网的应用场景。在智能家居领域中，物联网设备（如智能音箱、摄像头等）生成的数据，通过人工智能的语音识别和图像处理技术，实现了更自然的人机交互。在智慧城市领域中，交通信号灯、环境传感器等物联网设备产生的数据通过人工智能优化算法，可以动态调整信号灯时长或预测空气质量变化。这种深度结合使物联网从简单的"连接"迈向"智能化"，为日常生活和社会管理带来更多可能性。

扩展阅读

智慧城市中的物联网应用

物联网在智慧城市中的应用不仅是技术上的革新，更是推动城市可持续发展和提升居民幸福感的关键因素。下面介绍两个智慧城市中物联网应用的典型案例。

1. 智能交通系统

自动驾驶车辆集成：物联网技术为自动驾驶车辆提供了必要的通信基础设施，使车辆能够实时获取道路状况、行人动态及其他车辆的位置等信息，从而做出更加智能和安全的驾驶决策。这不仅显著提高了交通效率，还减少了人为错误导致的事故。智能交通系统的概念图如图 2-9 所示。

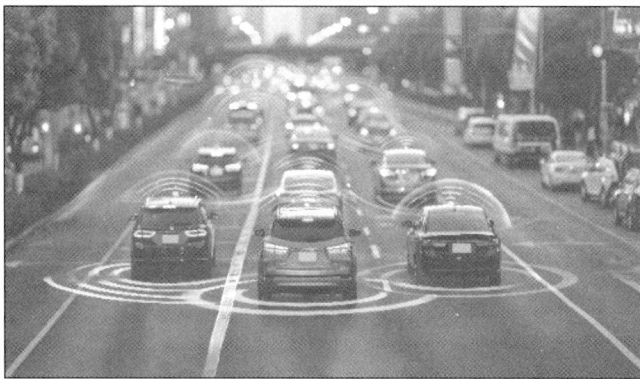

图 2-9　智能交通系统的概念图

　　紧急响应系统优化：通过运用全球定位系统和物联网传感器，紧急服务车辆（如救护车、消防车）可以快速获取最优行驶路径。同时，交通管理系统能够临时调整信号灯，为紧急车辆开辟快速通道，从而缩短紧急响应时间。

　　公共自行车与共享单车管理：借助物联网技术，城市管理部门可以追踪公共自行车和共享单车的位置、使用状态和维护需求，从而确保资源的高效分配和及时维护。这种管理模式不仅提高了公共自行车与共享单车使用便利性，也鼓励了居民采用绿色出行，助力城市可持续发展。

　　2. 智能能源管理

　　智能家居与建筑自动化：物联网技术使家庭和商业建筑能够根据用户行为模式、室外天气条件自动调节室内温度、照明，从而实现能源的高效利用。

　　能源交易与市场机制：智能城市中的能源管理系统可以促进能源消费者和生产者之间的直接交易，并利用区块链技术确保交易的透明性与安全性，推动能源市场的去中心化和高效运作。

　　环境监测与适应性管理：物联网传感器可用于监测空气质量、水质、噪声水平等环境因素，并结合大数据分析，为城市管理者提供决策支持，从而实施针对性的环境保护措施，如调整工业排放限制或优化绿地布局。

学习任务 3　云计算

知识点 1　云计算基础

　　云计算是一种通过互联网提供计算资源和数据存储服务的模式。它使用户无须依赖本地服务器或个人计算机的硬件和软件资源，就能够远程获取和使用计算能力、存储空间、应用程序和其他计算机资源。"云"的概念，源自网络架构图中用云形符号来抽象表示互联网或远程计算资源。云计算的核心优势在于灵活性和可扩展性。与传统的本地计算方式不同，云计算使企业能够根据实际需求快速扩展或缩减资源，优化成本并提高运营效率。

云计算的应用领域非常广泛，如个人云存储服务（如 Dropbox、Google Drive），企业级的云解决方案[如 Amazon Web Services（AWS）、Microsoft Azure 和 Google Cloud Platform 等]。云计算正在不断改变信息技术的面貌，为各种规模的组织提供强大的计算能力和数据存储解决方案。随着技术的不断进步，云计算将继续扩展其服务范围和能力，为用户带来更多便利和创新的可能性。

云计算通常分为三种主要服务模型，分别是基础设施即服务（Infrastructure as a Service，IaaS）、平台即服务（Platform as a Service，PaaS）和软件即服务（Software as a Service，SaaS）。

（1）IaaS

IaaS 是一种云计算服务模型，它提供虚拟化的计算资源和基础设施管理服务。IaaS 是云计算服务模型中最接近传统硬件基础设施的一层，允许用户通过互联网租用计算资源，而不需要购买，如图 2-10 所示。

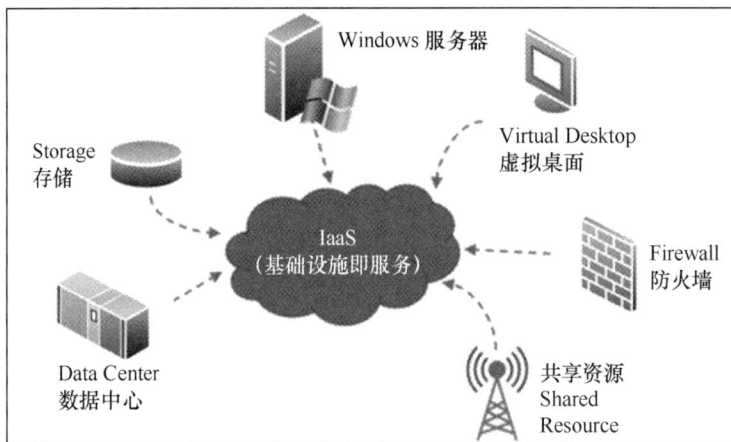

图 2-10　IaaS

IaaS 的主要特点包括以下几点。

● 虚拟化：IaaS 通过虚拟化技术，将物理服务器分割成多个虚拟机（Virtual Machines，VMs），每个虚拟机可以运行不同的操作系统和应用程序。

● 可扩展性：用户可以根据自身需求快速扩展或缩减资源（如 CPU、内存、存储和带宽等）。

● 按需服务与计费：IaaS 允许用户根据实际使用量支付费用。这种按需付费模式有效降低了成本。

● 多租户架构：多个用户可以共享相同的物理资源，但每个用户的虚拟环境均为隔离状态，确保数据安全。

● 弹性和灵活性：用户可以轻松配置、管理和调整虚拟资源，以适应不断变化的业务需求。

- 自动化管理：IaaS 服务提供商通常提供管理控制台或应用程序接口，使用户能够实现资源的自动化配置和管理。

- 高可用性：IaaS 服务提供商通常在多个地理位置部署数据中心，保障服务的高可用性和数据的安全性。

IaaS 主要提供虚拟化的服务器、存储、网络、安全及备份恢复服务。用户可以根据需求选择不同配置的虚拟服务器。IaaS 提供块存储、对象存储和文件存储等多种存储方案，以及虚拟网络、负载均衡、虚拟私有云（Virtual Private Cloud，VPC）等网络服务，确保高效连接。同时，IaaS 还提供了防火墙、入侵检测系统等安全服务，以及数据备份和灾难恢复解决方案，全面保障企业资源的安全性和可用性。

IaaS 为企业提供了一种灵活且具有成本效益的基础设施解决方案，使企业能够专注于核心业务，而无须耗费大量精力在基础设施的维护和管理上。随着云计算技术的不断成熟，IaaS 将成为企业战略中的重要组成部分。

（2）PaaS

PaaS 是一种云计算服务模型，它为开发者提供用于开发、运行和管理应用程序的平台，无需自行构建和维护底层基础设施。PaaS 提供了快速开发和部署应用的环境，使开发者能够专注于应用程序的代码编写和功能实现，而无需管理底层硬件、操作系统、中间件的配置和维护，如图 2-11 所示。

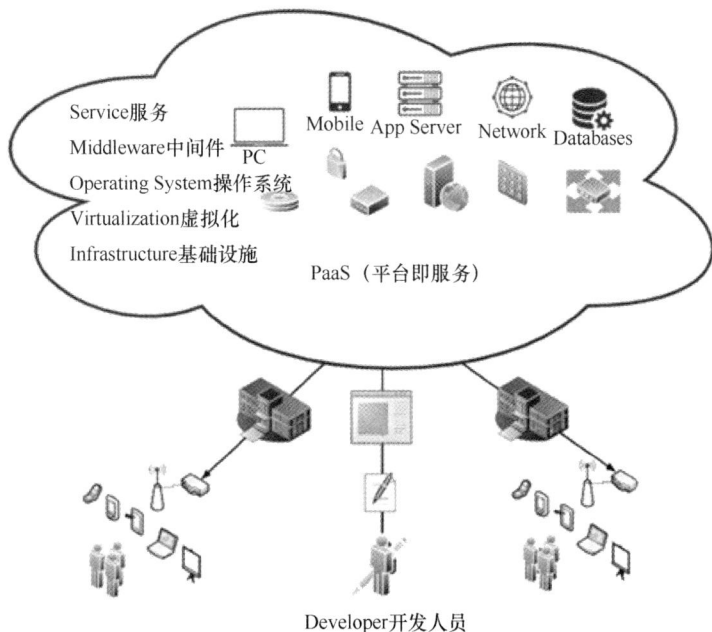

图 2-11　PaaS

PaaS 的主要特点包括以下几点。

● 集成开发环境：提供在线或桌面版的集成开发环境（IDE），支持代码编写、调试和版本控制功能。

● 中间件服务：提供数据库、消息队列、应用服务器等中间件服务，这些服务通常具有即插即用的特性。

● 自动化部署：支持自动化的部署流程，可快速将代码部署至运行环境。

● 可扩展性：允许应用根据需求自动或手动扩展资源（如 CPU、内存和存储）。

● 多租户支持：多个用户或组织可以共享相同的底层资源，同时确保用户或组织之间的隔离性。

● 持续集成和持续交付：支持自动化的构建、测试和部署流程，帮助用户实现持续集成和持续交付。

● 监控和日志：提供应用性能监控、日志管理和分析工具，帮助用户诊断开发问题和优化应用性能。

● 云服务集成：允许用户轻松集成其他云服务，如云存储等。

PaaS 作为一种以平台为核心的云计算服务模式，为企业提供构建、部署和管理应用程序所需的完整平台。PaaS 通常包括应用程序框架、数据库服务、存储服务、网络服务、身份认证服务以及 DevOps 工具等多个组件。应用程序框架支持多种编程语言和框架，为用户提供灵活的开发环境。数据库服务能够满足不同类型数据的存储需求。存储服务提供文件存储、对象存储等解决方案，确保数据的可靠性和可访问性。网络服务包括虚拟网络、内容分发网络（Content Delivery Network，CDN）等，为应用程序提供高效的网络连接和分发能力。此外，PaaS 还提供身份认证服务，保障用户认证和授权的安全性。DevOps 工具涵盖持续集成、持续部署、容器管理和服务网格等功能，支持应用程序的快速迭代和高效运维。

在应用开发方面，PaaS 提供丰富的开发工具和资源，使用户能够迅速构建和测试新的应用程序，缩短开发周期。在应用迁移方面，企业可以将现有应用迁移到云端，利用 PaaS 的自动化和扩展性，实现应用的优化和升级。此外，PaaS 支持微服务架构的构建和运行，为用户提供构建基于微服务的应用程序所需的完整解决方案。在移动应用开发方面，PaaS 提供用户认证、数据存储等后端服务，简化移动应用的开发和管理。PaaS 还适用于数据分析和机器学习场景，支持构建和部署数据分析和机器学习模型，为企业提供强大的数据处理和分析能力。

（3）SaaS

SaaS 是一种通过互联网提供软件应用程序的云计算服务模型。与传统的软件购买和安装方式不同，SaaS 允许用户通过订阅模式访问和使用软件，而无须在本地计算机上进行安装和运行，如图 2-12 所示。

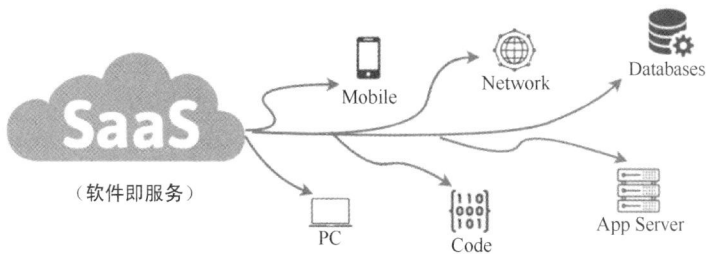

图 2-12 SaaS

SaaS 的主要特点包括以下几点。

● 基于订阅的服务：用户通常按月或按年支付订阅费用，即可获得软件的使用权。

● 集中托管和管理：软件由服务提供商集中托管和管理，用户无需担心软件的维护和升级。

● 多租户架构：多个用户共享同一个应用程序实例，每个用户的数据处理均独立隔离，确保数据安全性。

● 可访问性：用户可以通过任何连接互联网的设备访问 SaaS 应用，包括台式计算机、笔记本计算机、平板计算机和智能手机。

● 可定制性：许多 SaaS 提供商提供一定程度的定制选项，以满足不同用户的需求。

● 集成能力：SaaS 应用通常能够与其他云服务或本地系统集成，实现数据共享和工作流程自动化。

● 可扩展性：用户可以根据业务需求轻松扩展或缩减资源（如 CPU、内存、存储等）。

● 移动性：许多 SaaS 应用提供移动应用版本，使用户能够在移动设备上访问服务。

● 实时数据和协作：SaaS 应用通常支持实时数据更新和多人协作功能。

SaaS 作为一种功能化的云计算服务模式，提供了多样化的企业级应用，涵盖了客户关系管理、企业资源规划、人力资源管理、电子邮件和协作、财务管理、项目管理以及设计和出版等多个领域。SaaS 的应用场景十分广泛。在远程工作场景下，支持分布式团队通过互联网访问和协作，大幅提高工作效率和团队协作能力。在业务流程自动化方面，SaaS 能够提升企业的运营效率和准确性，减少人为错误。SaaS 还具有分析数据的能力，帮助企业做出更加明智的决策。在安全性方面，SaaS 服务提供商采用专业的安全措施，能够保障企业数据的安全和隐私。SaaS 的快速部署能力使企业能够快速启动和应用新软件，无需经历复杂的安装和配置过程，从而更快地响应市场变化。

SaaS 为用户提供了灵活且高效的软件使用方式。用户能够根据实际需求快速调整服务规模，并持续获得更新与改进。随着云计算普及程度不断提高，SaaS 将在各个行业中继续发挥重要作用。

知识点 2　云计算与人工智能

1. 人工智能即服务（AIaaS）

人工智能即服务（Artificial Intelligence as a Service，AIaaS）是一种新兴的云计算服务模型。通过云平台，AIaaS 为企业提供人工智能技术和能力，使其无需自行构建和维护复杂的人工智能基础设施即可使用人工智能技术。AIaaS 将人工智能算法、数据处理能力、机器学习模型等以服务形式交付给用户，使用户能够轻松地将人工智能功能集成到自身的应用程序或业务流程中。

AIaaS 的主要特点包括以下几点。

● 易于访问：即使用户缺乏人工智能技术知识，也可以通过接口调用人工智能服务。

● 按需使用：用户可根据实际需求获取人工智能服务，并按使用量付费，从而有效避免大额的前期投资。

● 快速部署：用户能够快速部署人工智能服务，缩短产品的上市周期。

● 持续更新：人工智能服务提供商会持续更新算法和模型，确保服务的先进性和准确性。

● 可扩展性：随着业务需求的增长，用户可以轻松扩展人工智能服务的使用规模。

● 覆盖多领域：AIaaS 通常支持多个领域的应用，如自然语言处理、计算机视觉和语音识别等。

● 集成与定制：用户可根据自身需求对人工智能服务进行集成和定制。

● 数据安全与隐私保护：人工智能服务提供商通常会提供数据安全和隐私保护措施，确保用户数据的安全性。

AIaaS 涵盖了自然语言处理、计算机视觉、预测分析、语音识别和合成以及推荐系统等多个服务领域。这些服务不仅提供语言翻译、情感分析、图像识别、物体检测等基础功能，还包括数据训练、模型构建和部署的工具，以及基于数据的预测模型，用于市场趋势分析、用户行为分析等。在典型的应用场景中，AIaaS 能够通过聊天机器人提供全天候的客户服务；能够实现内容审核，自动检测和过滤社交媒体中的不当内容；能够推动个性化营销，根据用户行为分析提供精准的产品推荐；能够优化风险管理，利用预测分析评估业务风险，如欺诈检测。同时，在智能制造领域中，AIaaS 也发挥着重要作用，可用于产品质量控制和预测性维护等工作。

AIaaS 通过将人工智能技术作为一种易于访问的服务形式，降低了企业采用人工智能的门槛，使得各种规模的组织都能够利用人工智能技术推动创新和优化业务流程。随着人工智能技术的不断进步，AIaaS 将在更多行业中发挥重要作用。

2. 云计算对人工智能的影响

云计算为人工智能的发展和应用提供了大量的计算资源、高效的数据处理能力和可扩展的存储解决方案。通过云计算，人工智能模型可以快速地利用大量数据进行训练和迭代，从而加速算法的创新和优化。同时，云计算平台提供的自动化工具和服务降低了人工智能技术的使用门槛，使更多企业和开发者能够轻松集成和部署智能应用。此外，云计算的弹性服务模式也极大地降低了企业在人工智能项目上的初期投资和运营成本，促进人工智能技术的普及和商业化。

学习任务 4　大数据

知识点 1　大数据概述

1. 大数据的定义与特征

大数据（Big Data）指的是传统数据处理应用软件难以处理的大规模、高复杂性的数据集合。

大数据的特征可以总结为 5 个 V，如图 2-13 所示。

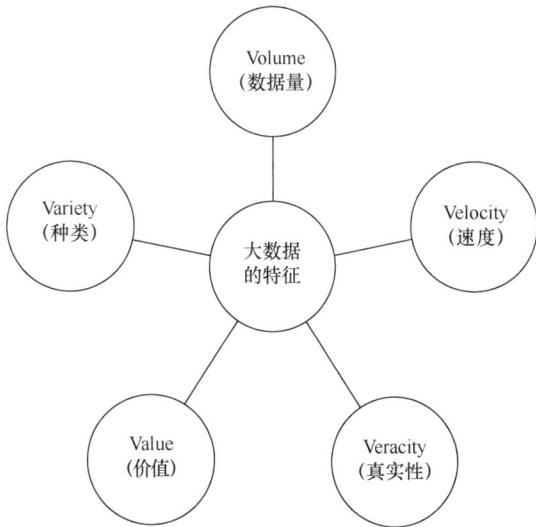

图 2-13　大数据的 5V 特征

（1）数据量大：大数据通常是指数据量为 TB 或 PB 级别的数据，这远远超出了传统数据库的处理能力。

（2）速度快：大数据的生成和处理速度非常快。数据处理系统需要具备实时或近实时的处理能力，才能有效捕捉数据价值。

（3）种类多：大数据的种类繁多，包括结构化数据、半结构化数据和非结构化数据，如文本、图片、视频、日志文件等。

（4）真实性：数据的准确性和质量是确保数据分析结果可靠性的关键。

（5）价值密度低：尽管数据量庞大，但其中真正有价值的数据可能仅占极少部分，需要通过分析和处理加以提炼。

2. 大数据的发展历程

大数据的发展历程可以分为以下 4 个关键时期：

● 第 1 时期：数据收集时期。这一时期的特征是数据的初步产生、收集、存储和管理。随着计算机技术的发展，数据的规模和种类逐渐增加，推动了关系型数据库、层次型数据库、网络型数据库等不同的数据管理系统的发展。磁带和磁盘作为当时的主要存储介质，在成本与容量、速度与可靠性方面各具特点。关系型数据库凭借其结构清晰、逻辑简单的特点，成为主流的数据管理系统。

● 第 2 时期：数据分析时期。这一时期以对数据的深度分析和挖掘为核心，数据的应用价值开始逐步显现。数据仓库、数据挖掘和数据可视化等技术的兴起，为数据提供了从离线分析到实时分析、从简单查询到复杂分析的多维支持。数据仓库通过多维模型整合信息，为决策提供支持；数据挖掘利用统计学和机器学习方法揭示数据中的隐藏信息；数据可视化则通过图形化手段提升数据的可读性和沟通效率。然而，这些技术的应用也伴随着构建成本高、专业技能需求高、数据质量高等问题。

● 第 3 时期：大数据时期。随着互联网、物联网、移动通信技术的飞速发展，数据量与数据的复杂性急剧增加，传统的数据处理方法已难以满足需求，大数据的概念和技术应运而生。Google 等公司提出了谷歌文件系统（Google File System，GFS）、MapReduce、BigTable 等技术，为大数据处理提供了分布式文件系统、计算框架和非关系型数据库的解决方案。云计算、分布式系统、并行计算等技术的引入，不仅显著降低了数据处理成本，还极大地提升了处理效率和灵活性。然而，这些技术的应用也带来了数据安全、网络稳定性以及数据一致性等新的挑战。

● 第 4 时期：大数据智能应用时期。这一时期，大数据与人工智能、机器学习、深度学习等技术深度融合，推动了数据的智能化应用和创新。分布式处理框架（如Spark、Flink）的兴起，使得大数据处理更加高效且灵活；非关系型数据库的多样化发展，更好地满足数据多样性的需求。云计算与大数据的融合平台，为数据存储、处理和分析提供强大的基础设施支持。机器学习和深度学习技术的广泛应用，不仅在搜索引擎、社交网络等领域取得成效，还在自然语言处理、计算机视觉、自动驾驶等领域实现突破性进展。在这一阶段，数据已不再是简单的信息载体，而成为了驱动创新、创造价值的关键要素。

知识点 2　大数据与人工智能

1. 数据挖掘与机器学习

大数据与人工智能的结合，在数据分析领域催生了数据挖掘与机器学习这两大密切相关但各具特色的技术。

数据挖掘是从海量数据中筛选有价值的信息并探寻隐藏模式的系统性过程，其核心在于通过一系列严谨的步骤将原始数据转化为可理解的知识，数据挖掘的流程如图 2-14 所示。在预处理阶段，通过数据清洗去除噪声、填补缺失值，并对数据进行规范化或标准化转换，为后续分析奠定基础。在变换阶段，利用特征选择和降维技术进一步优化数据集，保留最具信息量的特征。在数据挖掘阶段，通过关联规则、聚类分析等算法揭示数据的内在结构，并借助可视化工具辅助解释复杂关系。在解释/评价阶段，通过模型评估指标和业务场景验证，对挖掘结果进行解释和评价，确保结果具有统计显著性，为实际应用提供决策依据。这种从数据中提炼知识的完整流程，体现了数据挖掘的价值。

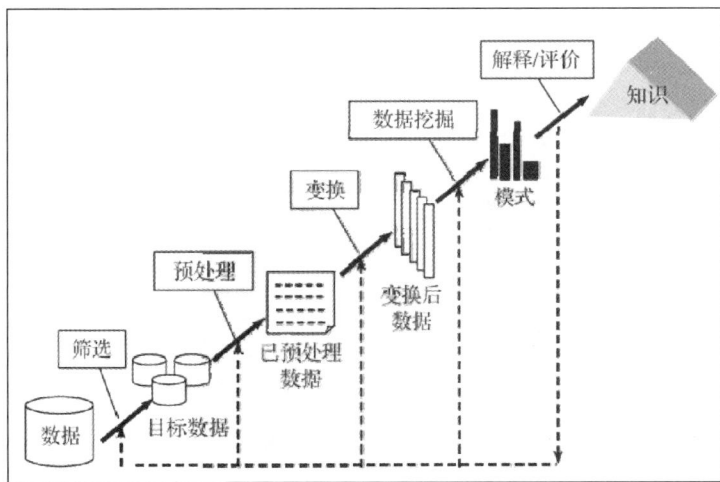

图 2-14　数据挖掘的流程

机器学习作为人工智能的重要分支,主要研究如何构建能够通过数据不断自我优化的模型。它通过算法训练模型，挖掘数据中的潜在规律；利用特征学习，自动发现关键特征，从而减少对特征工程的人工干预。机器学习具备强大的泛化能力，使模型能够对未知数据进行准确预测。机器学习主要包括监督学习、无监督学习、半监督学习和强化学习等类型，并广泛应用于图像识别、自然语言处理、语音识别、推荐系统等领域。

数据挖掘可以被视为机器学习的应用领域之一，它利用机器学习提供的算法，发现数据中的模式和知识。同时，机器学习算法常被用于数据挖掘任务，如分类算法和聚类算法，数据挖掘的结果为机器学习模型的开发和评估提供重要指导。数据挖掘与机器学习相互促进，共同推动数据分析领域的发展，为人工智能的广泛应用奠定基础。

2．大数据在人工智能中的应用案例

大数据在人工智能中的应用案例非常广泛，随着技术的不断成熟和应用的深入拓展，大数据与人工智能的融合方式也日趋多样，下面介绍常见的应用案例。

（1）推荐系统

电商平台通过收集和分析用户的购买历史、浏览记录、搜索关键词以及评价数据，利用协同过滤、基于内容的推荐等机器学习算法，向用户推荐他们可能感兴趣的商品。这些推荐通常出现在用户浏览页面、购物车页面或搜索结果页面的明显位置，有效提高销售转化率。此外，这些平台会根据用户的反馈和行为数据不断调整和优化推荐算法，以提供更精准的推荐服务。

（2）自动驾驶系统

自动驾驶系统通过激光雷达、摄像头、超声波传感器等多种设备采集车辆周围环境的数据，包括道路状况、交通标志、行人、其他车辆等。这些数据被传输至车载计算机，利用深度学习、计算机视觉等技术进行分析和处理，从而实现对车辆行驶路径的规划、障碍物的识别与避让、车速的控制等功能。比亚迪、特斯拉等智能汽车企业通过持续收集和分析海量驾驶数据，优化自动驾驶算法，不断提升车辆的自主导航能力和安全性。此外，这些企业还在积极研发更高等级的自动驾驶技术。

（3）智能医疗诊断

智能医疗诊断利用大数据和深度学习技术分析医疗影像，如 X 光片、CT 扫描、MRI 图像等，辅助医生进行疾病诊断和治疗决策。该技术能够自动识别和分析影像中的异常区域，如肿瘤、病变等，并提供初步的诊断建议。此外，智能医疗诊断还可以结合患者的病史、基因数据、生活习惯等多维度信息，进行更全面的疾病风险评估和预测。这些技术的应用不仅提高了诊断的准确性和效率，还可以减轻医生的工作负担，为患者提供更加优质的医疗服务。

（4）供应链优化

供应链优化通过分析供应链中的大量数据，如库存水平、订单状态、运输时间、客户需求等，利用预测分析和优化算法来提升物流效率和降低成本。这些算法可以预测未来的库存需求和销售趋势，从而优化库存管理和生产计划。同时，它们能够分析运输网络的效率和成本，提出优化方案，选择更经济的运输路线、优化仓库布局等。此外，供应链优化还可以结合物联网技术，实时跟踪和监控货物的状态和位置，提高供应链的透明度和可追溯性。

学习任务 5　人工智能与物联网、云计算和大数据的关系

　　人工智能、物联网、云计算和大数据不仅各自独立发展，又相互交织形成协同效应，共同推动信息技术的发展，它们之间的关系如图 2-15 所示。

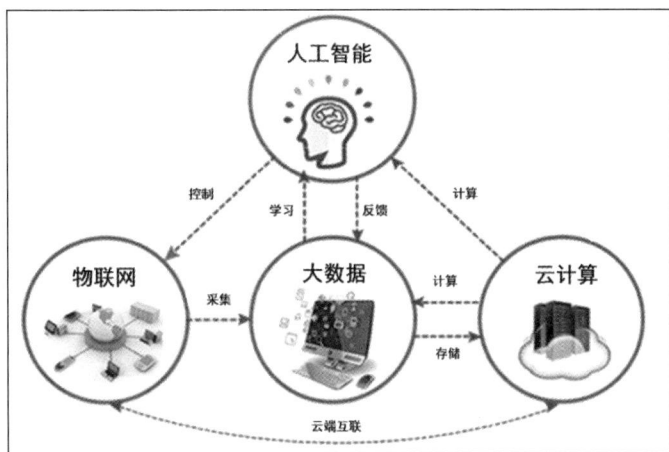

图 2-15　人工智能与物联网、云计算和大数据的关系

　　人工智能作为技术生态中的核心，能够从大数据中学习深层次的知识与模式。大数据为人工智能提供了丰富的"食材"，即海量的、多样化的数据资源，包括社交媒体互动、金融交易记录、医疗健康信息、工业设备监测等各个领域。而云计算平台则扮演"厨房"的角色，不仅提供强大的计算能力支持，使模型能够高效训练与推理，还能根据需求灵活部署人工智能应用并优化。这种基于云计算的学习与反馈机制加速了人工智能技术的迭代，使其能够更加精准地模拟人类思维，从而提供智能化的决策与服务。

　　物联网的普及将物理世界与数字世界紧密连接，为大数据提供了丰富的数据来源。智能设备（如智能家居、可穿戴设备等）作为物联网的感知层，不断采集并传输来自物理世界的各类数据。这些数据不仅数量巨大，而且种类繁多，对数据处理能力提出了极高的要求。云计算平台凭借其分布式架构，解决了这一难题。通过集群计算、负载均衡等技术手段，云计算实现了对海量数据的并行处理与高效存储，为物联网的数据分析与应用提供了技术支撑。

　　大数据技术的价值在于它能够从复杂数据中挖掘出隐藏的信息。依托云计算的算力，大数据技术利用分布式数据挖掘、机器学习等人工智能算法，对海量数据进行深度分析与预测，为行业决策、市场趋势预测、个性化推荐等提供科学依据。这种数据驱动的决策模式正在改变企业的运营方式和社会治理的手段，推动经济社会数字化转型。

人工智能、物联网、云计算与大数据之间存在相辅相成、相互支撑的关系。它们共同构成了高效、智能、可扩展的信息技术生态系统，为各行各业的数字化转型与智能化升级提供强大的技术支撑。

【学习小结】

在本学习主题中，我们深入探讨了智能科学的基础理论，包括知识的定义、分类和表示方法，物联网、云计算和大数据等关键技术，以及它们与人工智能的紧密联系。通过分析这些技术的基本概念、技术原理及其在人工智能中的应用，展示了数据驱动智能决策的力量。本学习主题揭示了这些技术的内在联系，它们共同构建了一个智能、高效的信息技术生态系统，为各行各业的数字化转型与智能化升级提供坚实的理论基础和技术支撑。

【思考与练习】

一、选择题

1. 下列哪项不属于知识的分类？（　　　）

　　A. 显性知识　　　　B. 隐性知识　　　　C. 程序性知识　　　　D. 抽象知识

2. 下列哪项不属于物联网的核心特征？（　　　）

　　A. 互联性　　　　　B. 智能性　　　　　C. 数据驱动　　　　　D. 静态性

3. 云计算的三种主要服务模型中，提供基础设施服务的是？（　　　）

　　A. SaaS　　　　　　B. PaaS　　　　　　C. IaaS　　　　　　　D. AIaaS

4. 下列哪项不属于大数据的特征？（　　　）

　　A. 体量大　　　　　B. 速度慢　　　　　C. 种类多　　　　　　D. 价值密度低

二、填空题

1. 在人工智能中，知识表示的方法主要有语义网络、_____和本体表示法。

2. 物联网的架构通常分为感知层、_____和应用层。

3. 云计算的_____服务模型提供软件应用程序通过互联网访问的服务。

4. 大数据的关键特征可以总结为 5V，即体量大、速度快、种类多、_____和价值密度低。

三、论述题

1. 简述知识表示在人工智能中的重要性，并列举两种主要的知识表示方法。

2. 分析物联网技术如何改变城市管理，并讨论可能带来的社会、经济和环境影响。

3. 讨论云计算如何支持大规模机器学习模型的训练，并说明其对人工智能发展的重要性。

4. 描述大数据如何促进人工智能的发展，并给出一个具体的应用案例。

PART 03

学习主题 3
技术前沿
——人工智能的应用技术

【学习导读】

在本学习主题中，我们将深入探讨人工智能的应用技术，包括计算机视觉、自然语言处理等。这些技术不仅构成了人工智能的核心，也是推动人工智能发展的重要力量。本学习主题将通过分析这些技术的工作原理、应用场景，研究人工智能如何影响和改变我们的世界。

学习目标

- 深入了解计算机视觉与自然语言处理的关键技术。
- 掌握相关技术的工作原理及其在实际应用中的操作流程。

素养目标

- 引导学生树立"强国有我"的理想信念，激励学生将个人成长与国家需求相结合。
- 引导学生思考技术应用的伦理问题，强调科技向善的理念，培养学生遵守法律法规、尊重隐私和公平公正使用技术的价值观。

【思维导图】

```
                                        ┌── 图像识别
                                        ├── 物体检测
                              计算机视觉 ├── 图像分割
                                        ├── 姿态估计
                                        └── 图像生成

                                        ┌── 概述
                                        ├── 文本分类
技术前沿——人工智能的应用技术  自然语言处理 ├── 机器翻译
                                        ├── 情感分析
                                        └── 问答系统

                              人工智能工具  ┌── DeepSeek功能亮点
                              的初体验     └── DeepSeek使用指南
```

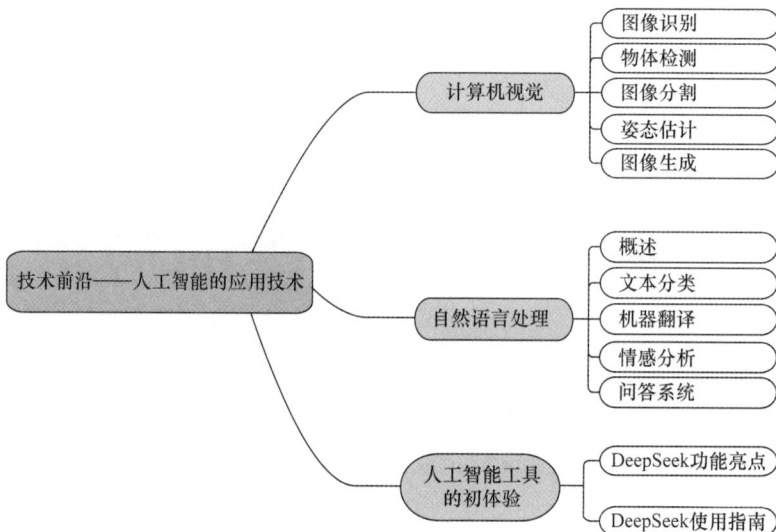

学习任务 1 计算机视觉

　　计算机视觉是一种通过计算机模拟人类视觉观察和分析图像的技术。计算机视觉使机器能够感知周围环境，并模拟人类视觉处理过程，对获取的图像进行智能化处理。这项技术本质上是对人类视觉感知和信息处理过程的模拟，融合了图像处理等多项技术，是人工智能领域的重要研究方向。计算机视觉的典型应用如图 3-1 所示。

图 3-1　计算机视觉的典型应用

知识点 1　图像识别

图像识别的核心任务是使计算机能够识别和理解图像中的关键信息，包括物体、人物、场景和文字等。这些信息对计算机而言是抽象的，因为图像不像数字或文本那样具有明确的语义结构。因此，图像识别通常依赖深度学习算法，常用的算法有卷积神经网络。

1. 卷积神经网络

CNN 通过模拟人类视觉系统的层次结构，逐层提取图像的特征。这些特征从简单的边缘和纹理逐渐过渡到复杂的形状、模式和对象。通过训练大量数据，CNN 能够学习这些特征之间的关联和规律，从而实现精准的图像识别。

2. 关键技术

（1）特征提取

特征提取是图像识别中的关键步骤之一，指从图像中提取有用信息的过程，以便后续的分类或识别任务。CNN 中的卷积层和池化层通常用于特征提取。

（2）分类器设计

分类器是图像识别的另一重要组成部分，其作用是根据提取的特征对图像进行分类或识别。CNN 中的全连接层和输出层通常用于完成分类任务。

（3）数据集

一个优质的数据集应该包含足够的样本，使模型能够学习各种情况下的特征。此外，数据集的标注应准确无误，以确保模型能够正确识别目标类别。

（4）训练与优化

训练和优化是图像识别过程中的核心步骤，涉及选择合适的损失函数、优化器、学习率等参数，以及采用适当的数据增强和正则化技术，提高模型的泛化能力和识别准确性。

3. 图像识别过程

图像识别的过程通常包括以下几个关键步骤。

（1）图像采集

图像采集是指通过摄像头、扫描仪等图像采集设备获取数字图像。这些图像既可以是静态的（如照片）也可以是动态的（如视频帧）。图像采集的质量直接影响后续处理的效果，因此应尽量确保图像清晰，无过多噪声。

（2）图像预处理

图像预处理的目的是提高图像质量，从而更好地进行特征提取和识别。预处理步骤包括以下操作。

① 灰度化：将彩色图像转换为灰度图像，简化后续处理过程。

② 去噪：消除图像中的噪声，提高图像的清晰度。

③ 增强：增强图像的对比度、亮度等参数，使图像中的特征更加明显。

④ 滤波：应用滤波器对图像进行平滑处理，减少噪声对图像质量的影响。

⑤ 图像变换：通过傅里叶变换、小波变换等方法对图像进行变换处理。

（3）特征提取

特征提取是指从预处理后的图像中提取有用的信息，如颜色、纹理、形状等。这些特征能够反映图像的关键内容，为后续的特征匹配和分类提供依据。常用的特征提取方法包括尺度不变特征变换（Scale-Invariant Feature Transform，SIFT）、加速稳健特征（Speeded Up Robust Features，SURF）、边缘检测、角点检测等。

（4）特征匹配

特征匹配是将提取的特征与已知特征库进行比较，从而确定图像所属的类别。常用的特征匹配算法包括最近邻搜索、支持向量机（Support Vector Machine，SVM）、神经网络分类器等。在特征匹配过程中，通常需要计算特征间的相似度或距离，根据相似度或距离的大小对特征进行排序并选择最优结果。

（5）决策分类

决策分类是根据特征匹配的结果，运用分类算法判定图像所属类别并完成最终识别决策的过程。决策树、随机森林、朴素贝叶斯和神经网络等机器学习算法常用于决策分类。这些算法首先利用提取的图像特征和已知特征库进行训练，建立相应的分类模型，然后利用分类模型对新的图像进行识别并输出识别结果。

（6）结果输出

系统将输出识别结果，包括图像的名称、位置、属性等。这些结果可以应用于多种场景，如医学图像分析、安全监控、自动驾驶、人脸识别等。

4. 应用

图像识别技术已经广泛应用于生活的方方面面。在安防领域中，人脸识别和车辆识别技术的应用显著提升了安全保障能力。例如，机场、火车站等公共场所安装的智能监控系统能够实时捕捉人脸和车辆信息，并与数据库中的数据比对，从而快速识别可疑人员或车辆，有效预防犯罪行为。

在医疗领域中，图像识别技术提升了医学影像分析的效率和准确性。医生借助先进的图像识别系统，可以更加精准地识别和分析医学影像中的细微特征，从而提高疾病诊断的准确性和效率。例如，在肺癌的早期筛查中，图像识别技术能够辅助医生从大量的肺部 CT 图像中快速定位潜在病灶。

在交通领域中，自动驾驶系统中的图像识别系统能够实时识别道路、行人、交通标志等关键信息，为车辆提供精准的导航和避障决策，从而实现安全、高效的自动驾驶。在复杂的城市道路环境中，自动驾驶系统借助图像识别技术，可以准确识别前方的行人、车辆以及交通信号灯状态，从而为用户提供合理的行驶决策。

在零售领域中，图像识别技术同样发挥重要作用。商品识别与货架管理技术能够帮助零售商实现高效、精准的商品管理。例如，在超市中，通过图像识别技术，零售商可以实时掌握货架上的商品库存情况，及时对货架上的商品进行调整，避免缺货或积压货物的现象发生。同时，图像识别技术还可以应用于自助结账系统。顾客只需将商品放入识别区域，系统便可自动识别商品并计算价格，大幅提高了结账效率，提升了顾客体验。

扩展阅读

天神之眼

　　天神之眼是由比亚迪自主研发的高阶智能驾驶系统，采用比亚迪自研的智能驾驶芯片与算法架构，同时整合英伟达、华为、地平线等行业领军企业的计算平台，实现软硬件的深度融合。该系统是全球首款完全由车企自主设计、开发、并生产的车载计算平台。

　　2025 年 2 月，比亚迪在智能化战略发布会上正式推出了"天神之眼 C"高阶智能驾驶三目版，如图 3-2 所示。

图 3-2　天神之眼

　　天神之眼分为 3 个版本：天神之眼 A、天神之眼 B 和天神之眼 C。天神之眼 C 智驾方案采用全球领先的"前视三目"技术，专为高速和城市快速道路设计。其高快领航功能可根据导航规划的路径完成上/下匝道、车道保持、巡航驾驶、自主换道、障碍物绕行等驾驶任务，支持 1000 公里的智能驾驶零接管；代客泊车 AVP 功能结合实际泊车习惯和场景，可实现下车即走、锁车泊入、随时取物等便捷体验，AEB 功能能够在 100 km/h 速度下稳定刹停，代客泊车成功率高达 99%。此外，记忆领航功能适用于上下班通勤等高频出行场景，可完成红绿灯启停、复杂路口通行、自动超车、全场景绕行礼让、博弈变道等功能。

　　天神之眼系统集成了多种先进的传感器和算法，能够实时捕捉车辆周围的图像信息，并通过图像识别技术进行精准分析。无论是交通信号灯、车道线、行人还是车辆，该系统都能迅速识别并做出相应的反应。这种智能化的驾驶体验，不仅让驾驶者更加轻松自如，也显著提高了行车安全性。

知识点 2 物体检测

物体检测是指在给定的图像或视频中找出多个不同类别的物体实例，并确定它们的位置。这与单纯的图像分类有显著区别：图像分类只需要判断整幅图像属于哪个类别，而物体检测不仅要识别物体的类别，还要精确地标出每个物体在图像中的具体位置。通常，我们使用边界框（Bounding Box）来框定物体的位置。例如，一张街景的图片可能包含行人、自行车、汽车等。物体检测算法需要准确地标注每个行人、自行车、汽车的具体位置，同时明确它们分别属于哪些类别。物体检测任务如图 3-3 所示。

图 3-3 物体检测任务

1. 关键要素

（1）边界框

边界框是物体检测中用于标识物体位置和大小的重要工具。它通常以矩形框的形式出现，能够紧密地包围目标物体，从而明确标出物体在图像中的位置。常用的边界框表示形法有两种，分别是四点坐标形式（左上角、右上角、右下角、左下角）和中心宽高形式（中心点坐标、宽度、高度）。

四点坐标形式能够精确地描述边界框的形状和位置，但在计算和处理上可能相对复杂。而中心宽高形式计算更加简单，因此在物体检测中被广泛使用。

（2）类别信息

类别信息是标识检测到的物体类别的关键要素。物体检测算法需要准确地识别图像中的物体及其类别。例如，在自动驾驶场景中，算法需要能够识别车辆、行人、交通标志等物体的类别。类别信息的准确性直接影响物体检测的实际应用效果。

（3）置信度

置信度是物体检测中用于表示检测结果可信程度的数值，通常介于 0 到 1 之间。在物体检测过程中，算法会为每个检测到的物体赋予一个置信度，用于评估检测结果的准确性。置信度越高，说明检测结果越接近真实情况；置信度越低，则可能意味着检测结果存在误差。

2．检测方法

基于深度学习的物体检测方法主要分为基于区域提议的方法和基于回归的方法。

（1）基于区域提议的方法

这类方法首先生成一系列可能包含物体的候选区域（Region Proposals），然后对这些候选区域进行分类和边界框回归。典型的方法包括 R-CNN 系列方法（如 Fast R-CNN、Faster R-CNN）等。

以 R-CNN 为例，首先利用选择性搜索（Selective Search）等算法生成候选区域，然后将每个候选区域缩放到固定大小，并输入到 CNN 中进行特征提取。最后，通过 SVM 分类器对提取的特征进行分类，并通过边界框回归算法对候选区域的位置进行精确调整。

此类方法通常具有较高的检测精度，但检测速度相对较慢，适用于对检测精度要求较高的场景，如医学影像分析、安防监控等。

（2）基于回归的方法

这类方法可以直接预测物体的类别和位置，不需要生成候选区域。典型的方法包括 YOLO（You Only Look Once）系列方法（如 YOLOv1、YOLOv2、YOLOv3）等。

以 YOLO 为例，其核心策略是将输入图像划分为多个网格单元，每个网格单元负责检测中心点落入其中的物体。具体来说，每个网格单元生成多个边界框，并预测边界框的类别置信度和位置偏移量，从而实现物体的定位和分类。YOLO 具有较快的检测速度，但对小物体和密集物体的检测效果相对较差。

此类方法具有较高的检测速度，但在某些情况下可能牺牲一定的检测精度。通常适用于对实时性要求较高的场景，如自动驾驶、视频流处理等。

3．应用

物体检测在多个领域具有广泛应用，如自动驾驶、智能制造、安防监控、医学影像分析等。

在自动驾驶领域中，物体检测技术能够识别道路上的行人、车辆、交通标志等障碍物，从而保障自动驾驶的安全性和高效性。例如，当检测到前方有行人时，自动驾驶汽车可以自动减速或停车，避免发生碰撞。

在智能制造领域中，物体检测技术可用于实现自动化生产和质量控制。例如，在流水线上，系统能够自动识别并分类不同的产品，实现自动化分拣和包装。通过检测产品的缺陷和瑕疵，系统还可以进行质量控制并剔除残次品，提高生产效率和产品质量。

知识点 3　图像分割

图像分割的目的是简化或改变图像的表示形式，使其更易于分析。

1. 定义

图像分割是指将图像划分为若干个具有不同均匀性质的子区域的过程。这些子区域内的像素通常具有相似的特征，如颜色、纹理、强度等。这些子区域对应图像中的目标或目标的一部分。图像分割的主要目标是实现图像的精细处理，将图像中的目标从背景中分离出来，以便于后续的分析、处理或识别。图像分割任务如图 3-4 所示。

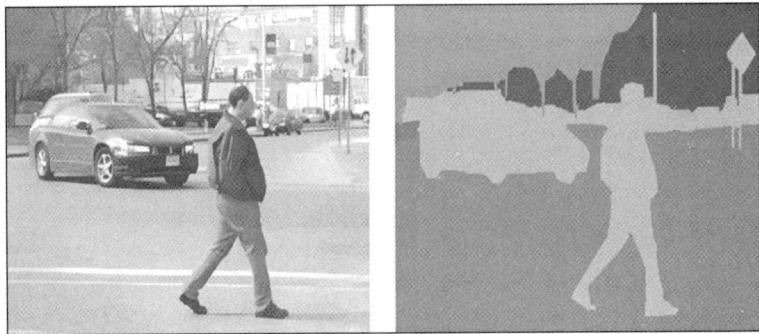

图 3-4　图像分割任务

2. 基本原理与方法

图像分割是计算机视觉领域的核心技术之一。它通过分析图像中像素的强度、颜色、纹理等视觉特征，并根据预先设定的相似性度量标准，计算像素间的相似度，将具有相似特征的像素聚合成不同的图像区域。这项技术不仅能有效分离图像中的目标与背景，还可以进一步细分复杂场景中的多个对象，实现对图像内容的结构化解析与理解。这为后续的图像分析、目标识别、场景理解等任务奠定重要基础。以下是几种主流的图像分割方法。

（1）基于阈值的分割方法

基于阈值的分割方法是一种简单有效的图像分割方法，其基本原理是根据图像的灰度值或颜色值设定一个或多个阈值，然后将图像中的像素与这些阈值进行比较，并根据比较结果将像素分为不同类别。这种方法的关键在于选择合适的阈值，以准确地区分目标物体与背景或其他物体。

基于阈值的分割方法主要适用于灰度图像或颜色差异明显的图像分割任务。在卫星遥感图像中，该方法用于提取植被、水体、建筑物等信息。

在实际应用中，通常需要结合具体的图像特点和任务需求选择合适的阈值。

（2）基于边缘的分割方法

基于边缘的分割方法是利用图像中灰度或颜色值的不连续性来检测边缘，根据这些边缘将图像划分为不同区域。边缘通常被定义为两个具有不同灰度值的均匀图像区域的边界，反映了局部的灰度变化。

基于边缘的分割方法能够识别出对象的边缘轮廓，适用于具有清晰边界的图像处理。其算法结构简单，计算效率较高，但对噪声较为敏感，可能导致噪声被误判为边缘。对于边缘不连续或边缘模糊的图像，该方法的处理效果往往不佳。

基于边缘的分割方法被广泛应用于图像识别、图像分析、图像压缩等领域。在相机美颜、车牌识别、人脸检测等场景中，基于边缘的分割方法发挥着重要作用。

（3）基于区域的分割方法

基于区域的分割方法利用图像的空间特征，根据相似性准则将图像划分为不同区域。这些区域通常具有相似的特征，并且在图像内部保持连续性。该方法主要通过分析图像中像素间的相似性来实现分割，并不依赖于边缘信息。

基于区域的分割方法适用于处理具有复杂纹理、光照变化和噪声的图像。它能够将具有相似属性的像素聚集在一起，形成更连续和准确的分割结果。然而，当图像中存在相似颜色但属于不同物体的区域时，该方法可能无法实现准确分割。对于具有明显边缘的图像，基于区域的分割方法可能难以捕捉图像中的细节部分。

基于区域的分割方法在图像分析以及图像识别、医学影像处理等领域得到了广泛应用。例如，在医学影像处理中，该方法常用于提取病变区域、血管结构等关键信息，为医生提供辅助诊断的依据。

（4）基于能量的分割方法

基于能量的分割方法通过定义一个能量函数来描述图像中的像素或区域之间的相似性和平滑性等属性。通过优化该能量函数，使分割结果达到最优状态，例如，使区域内像素的相似性最大化或区域间的差异最大化。

基于能量的分割方法能够利用图像的全局信息进行分割，适用于具有复杂纹理和光照变化的图像。此外，该方法还可以通过引入形状等先验知识来提高分割的准确性。然而，能量函数的定义和优化通常较为复杂，并且需要较高的计算成本。对于具有明显边缘的图像，基于能量的分割方法可能不如基于边缘的分割方法准确。

基于能量的分割方法广泛应用于医学影像处理、遥感图像处理、计算机视觉等领域。例如，在遥感图像处理中，它可以用于提取地表覆盖类型、城市区域、水体等信息。通过结合遥感图像的光谱信息、空间信息和纹理信息，可以构建能够反映地表覆盖类型差异的能量函数，并通过优化该能量函数实现对遥感图像的精确分割。

（5）基于深度学习的分割方法

基于深度学习的分割方法是指利用深度学习模型对图像进行像素级分类，将图像划分为不同的区域或对象的方法。这些深度学习模型通常基于卷积神经网络等架构，通过训练大量标注数据来学习图像中的特征表示和分割规则。

基于深度学习的分割模型通常具有较高的分割精度，能够准确识别图像中的不同对象和区域。它对图像中的噪声、光照变化等干扰因素具有较强的抗干扰性和适应性。经过训练的深度学习模型可以应用于不同类型的图像和场景，展现出较强的泛化能力。然而，深度学习模型通常需要大量的计算资源和时间来完成训练和推理。同时，这类模型需要依赖大量标注数据进行训练，而标注过程通常耗时较大且成本较高。

在自动驾驶领域中，基于深度学习的分割方法可用于道路标线识别、行人和车辆检测、交通信号灯识别等任务，为自动驾驶汽车提供准确的感知信息。在安防监控领域中，基于深度学习的分割方法常用于人员识别、车辆识别、物体识别等任务。通过对监控视频中不同对象进行精准分割与识别，可以为安防监控提供智能化的解决方案。

知识点 4　姿态估计

姿态估计指从图像或视频中推测物体或人体的空间位置和姿态，单人姿态估计如图 3-5 所示。

图 3-5　单人姿态估计

1. 定义

姿态估计的核心任务是根据图像或视频中的人体部位和关节位置，预测人体的不同姿势。在单人姿态估计中，计算机需要识别和定位人体各个关节的位置，如头部、肩膀、肘部、手腕、臀部、膝盖和脚踝等，从而构建出一个完整的姿态模型。

2. 常用方法

姿态估计的常用方法主要基于深度学习技术，尤其是卷积神经网络。该网络能够自动提取图像中的特征，并将其应用于姿态估计任务。

（1）关键点检测

关键点检测通过识别和定位人体上的关键点来估计姿态。常用的关键点检测算法包括基于机器学习的算法（如随机森林、支持向量机）和基于深度学习的算法（如卷积神经网络）。这些算法通过训练模型，使模型能够准确检测关键点的位置。

（2）姿态回归

姿态回归方法将姿态估计问题转化为回归问题。该方法建立输入图像与目标姿态之间的映射关系，并通过训练模型来学习这种关系。常见的姿态回归算法包括线性回归、支持向量回归、决策树回归等。

（3）3D 姿态估计

3D 姿态估计利用多视图几何、深度传感器或多摄像头系统等信息进行姿态估计。这些方法能够提供更丰富的姿态信息，对于需要精确三维姿态的应用场景具有重要意义。

3. 应用

在体育领域中，通过分析运动员的动作，教练和体育科学家可以精确评估运动员的技术水平、肌肉使用情况和潜在的运动损伤风险。例如，在游泳、田径、体操等项目中，姿态估计能够帮助教练发现运动员动作中的细微偏差，从而指导运动员进行针对性的训练调整，提高运动成绩并预防运动损伤。

在医疗康复领域中，对于正在接受物理治疗的患者，医生或治疗师可以通过分析他们的动作模式来评估治疗效果，确保患者按照正确的姿势进行康复训练。这不仅有助于加快恢复过程，还能有效降低因动作不当导致二次伤害的风险。

在自动驾驶领域中，姿态估计可以提升车辆的环境感知能力。通过实时跟踪行人、自行车骑行者和其他车辆的动作姿态，自动驾驶系统能够更准确地预测其运动轨迹，从而做出更安全的驾驶决策。在复杂和动态的场景中，如城市道路、高速公路或恶劣天气条件下，姿态估计对于提升自动驾驶系统的安全性和可靠性至关重要。

知识点 5 图像生成

图像生成技术是指使用计算机算法生成图像的过程。

1. 基本原理

图像生成技术可以利用数学模型、统计规律或神经网络等算法，将输入的数据或随机噪声转化为图像。这一过程可以看作是从抽象到具体的映射，实现了从数据到图像的转换。图像生成过程如图 3-6 所示，文本描述"吹喇叭的小狗"通过编码器转换为图像。模型结合文本语义与相关背景知识，实现了对应图像的生成。

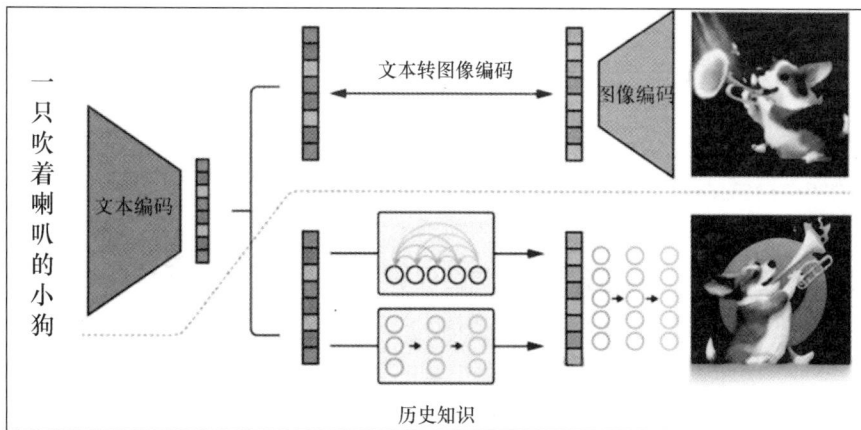

图 3-6 图像生成过程

2. 核心技术

GAN（Generative Adversarial Network，生成对抗网络）是图像生成领域的主流技术之一。GAN 由生成器网络和判别器网络组成。

生成器网络负责将随机噪声（通常是一个高斯分布或均匀分布的噪声向量）转换为图像。其目标是生成与真实图像尽可能相似的图像，以欺骗判别器网络。

判别器网络是一个分类器，负责判断输入的图像是真实图像还是生成器网络生成的图像。判别器网络的目标是尽可能准确地识别真实图像和生成图像。

GAN 的训练过程是一个对抗性的过程，生成器网络和判别器网络在训练中相互竞争、共同优化。通过不断地对抗训练，生成器网络逐渐学会生成越来越逼真的图像，而判别器网络则变得越来越难以区分真实图像和生成图像。当训练达到平衡时，生成器网络能够生成与真实图像几乎无法区分的图像。

3. 应用

在产品设计中，图像生成技术可以用于生成各种方案的产品模型，帮助设计师快速进行产品设计和验证。例如，在汽车设计、建筑设计等领域，图像生成技术可以生成逼真的三维模型，提高设计效率和质量。

在影视制作领域中，图像生成技术被广泛用于生成逼真的特效，如火焰、水流、爆炸等。这些特效显著增强了电影的视觉效果，提升观众的观影体验。在游戏开发中，图像生成技术用于创建逼真的游戏角色和场景。这些技术可以提高游戏的真实感和沉浸感，为玩家带来更加优质的游戏体验。

在增强现实领域中，图像生成技术能够帮助系统更好地理解用户的身体动作和周围环境。通过实时生成和渲染虚拟对象，增强现实的应用可以为用户提供更加丰富的交互体验。

学习任务 2 自然语言处理

知识点 1 概述

自然语言处理（Natural Language Processing，NLP）是计算机科学、人工智能和语言学的一个交叉领域。它主要研究如何让机器理解和使用人类自然语言进行交互通信。它主要包括两大核心部分：自然语言理解（Natural Language Understanding，NLU）和自然语言生成（Natural Language Generation，NLG）。

NLU 指的是计算机解析和理解人类书写的自然语言文本的能力，它涉及文本分析、语义理解、情感分析、实体识别、关系抽取等多个方面。通过 NLU，计算机可以"读懂"文本内容，实现信息抽取、问答、机器翻译等功能。

NLG 指的是计算机使用自然语言文本来表达给定的意图、思想或数据。NLG 系统能够将结构化数据（如数据库记录）或非结构化数据（如语音转录）转换为连贯、流畅的文本输出，在报告生成、对话系统、智能客服等领域具有广泛的应用。

知识点 2　文本分类

1. 定义

文本分类是自然语言处理中的一个重要任务，其目标是将文本数据自动归类到预定义的类别中。随着信息量的爆炸式增长，人工标注数据不仅耗时，而且标注质量难以保证，因此利用机器自动化实现文本标注变得尤为重要。文本分类能够克服人工标注的局限性，提供一致性、高质量的数据标注。

2. 方法

文本分类的主要方法包括基于知识的方法、基于统计的方法和基于机器学习的方法。

（1）基于知识的方法

基于知识的方法主要依赖于人工构建的知识库或规则集来进行文本分类。这种方法通常需要对文本内容进行深入理解和分析，并且常常需要领域专家的参与。由于知识库或规则集的构建需要耗费大量的人力和时间，且难以覆盖所有的文本类型和情况，因此这种方法在实际应用中存在一定的局限性。

（2）基于统计的方法

基于统计的方法主要利用统计学原理对文本进行分类。这种方法通常包括对文本特征的提取和统计分析，以及基于这些特征设计并训练分类器。常见的基于统计的文本分类方法包括朴素贝叶斯分类器、支持向量机分类器等。

朴素贝叶斯分类器是一种基于贝叶斯定理的简单概率分类器，它假设特征之间是相互独立。尽管这种假设在实际应用中往往不成立，但朴素贝叶斯分类器在文本分类任务中仍然表现出色，尤其适合处理大规模数据集。

支持向量机分类器是一种基于最大间隔原理的分类器。它通过核函数将输入数据映射到高维空间，从而找到最优的分类超平面。支持向量机分类器在文本分类任务中也具有广泛的应用，尤其适合处理非线性可分问题。

（3）基于机器学习的方法

基于机器学习的方法是当前文本分类领域的主流方法。这种方法主要通过机器学习算法对已标注的训练文档集合进行学习，构建文档特征和文档类别之间的关系模型。随后，该模型可用于对新文档进行类别判断，从而实现自动分类。

基于机器学习的方法具有许多优点，如自动化程度高、适应性强、能够处理大规模数据集等。常见的基于机器学习的文本分类方法包括决策树、随机森林、K近邻、神经网络等。近年来，随着深度学习技术的不断发展，基于深度学习的文本分类方法，如卷积神经网络、循环神经网络、长短期记忆网络、门控循环单元（Gated Recurrent Unit，GRU）以及 Transformer 模型等，在文本分类任务中也取得了不错的效果。

3. 应用

文本分类的应用极为广泛且多样，涉及信息检索、情感分析、新闻媒体、推荐系统、知识提取与挖掘、政务与公共服务等多个关键领域。

在信息检索领域中，文本分类可以根据主题将文档分类到不同的类别中。例如，对知识库中的文档进行分类，有助于用户快速找到所需信息。同时，借助文本分类算法，可以清晰地区分垃圾邮件与正常邮件，提升了邮件处理效率，为用户提供一个更加纯净的邮件环境。此外，文本分类技术能够根据文本内容的敏感程度进行分类，确保网络环境的健康与安全。

在新闻媒体领域中，文本分类技术同样发挥着重要的作用。它能够将新闻稿件自动归类到体育、娱乐、财经、科技等不同的类别中，使得用户能够轻松浏览并筛选出感兴趣的新闻内容。此外，通过对新闻或文章进行自动摘要处理，提取出其中的关键信息并添加事件标签，可以为用户提供一种更加简洁、精确的信息获取方式，提升用户的阅读体验。新闻分类如图 3-7 所示。

资讯文本	风险事件标签
石化公司双苯厂发生爆炸事故，造成大量苯类污染物进入江河水体，造成重大环境污染	事故_生产设施
市场监管局执法人员对5家品牌奶茶店进行了检查，发现多家门店存在工作人员健康证不齐全、原材料管理不善等问题	卫生_食品安全

图 3-7 新闻分类

知识点 3 机器翻译

1. 定义

机器翻译（Machine Translation，MT）作为自然语言处理领域中的一项关键任务，其核心目标是通过算法，实现不同语言文本之间的自动转换。机器翻译不仅要将文字从一种语言转换为另一种语言，还要尽可能地保留原文的语义内容、语法结构以及风格，从而确保翻译结果的准确性和流畅性。

2. 方法

机器翻译的方法包括基于规则的机器翻译、统计机器翻译、神经机器翻译等。

（1）基于规则的机器翻译

基于规则的机器翻译（Rule-Based Machine Translation，RBMT）是一种传统的机器翻译方法，其核心思想是通过预先构建翻译规则，实现从源语言到目标语言的转换。该方法通常包括构建词汇库、编写规则以及设计规则匹配算法等步骤。

基于规则的机器翻译方法的优点在于精确性，尤其在处理语法规则复杂的语言时效果较好。然而，这一方法也存在明显的缺点：构建规则和词汇库需要耗费大量时间和人力。此外，由于语言中普遍存在多义词和歧义现象，基于规则的方法往往难以有效处理这些情况，因此翻译质量不高。

（2）统计机器翻译

统计机器翻译（Statistical Machine Translation，SMT）是一种通过分析大规模双语语料库，学习源语言与目标语言之间的统计规律，从而实现自动翻译的方法。该方法主要包括建立双语语料库、分词与对齐、训练模型以及解码翻译等步骤。

统计机器翻译的优点在于高度自动化与自适应能力。通过对海量语料的学习，系统能够捕捉语言间的统计规律，快速适应不同领域和体裁的文本翻译需求。在处理新闻报道、社交媒体信息等日常文本时，它表现尤为出色。然而，对于生僻词和长句等复杂情况，统计机器翻译的效果往往不如基于规则的机器翻译。统计机器翻译的质量高度依赖语料库的规模与质量。若语料中存在噪声或领域偏差，则可能导致译文错误率上升。

（3）神经机器翻译

神经机器翻译（Neural Machine Translation，NMT）是一种基于深度学习的机器翻译方法，其核心思想是通过构建深层神经网络模型，直接将源语言文本转换为目标语言文本，从而实现端到端的翻译。

神经机器翻译的优势在于它能够更好地处理长句和复杂语法结构，翻译效果相对较为出色。由于神经网络具备强大的学习能力，因此神经机器翻译能够自动捕捉源语言和目标语言之间的细微差异，从而提升翻译质量。然而，该方法也存在一些局限性，例如，需要大规模的训练数据和较高的计算资源，训练过程较为耗时等。

不同的机器翻译方法各有其优缺点。在实际应用中，需根据具体需求和资源条件选择合适的翻译方法。随着技术的不断发展，机器翻译方法也在持续更新和完善，为跨语言交流提供更加便捷和高效的解决方案。

3. 应用

机器翻译作为自然语言处理中的一项重要技术，已经广泛应用于多个领域。百度翻译的使用示例，如图 3-8 所示。

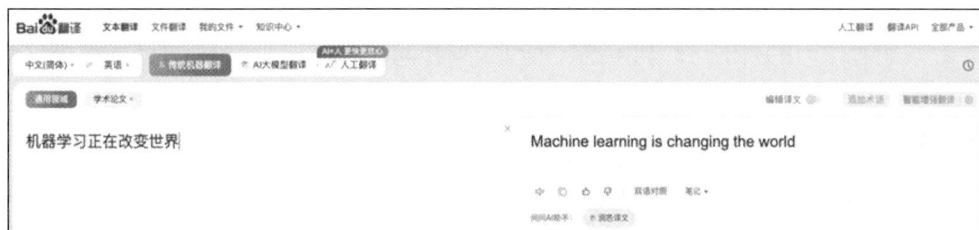

图 3-8 百度翻译的使用示例

在日常交流中，通过机器翻译软件或应用，人们可以快速理解外语内容的大致意思，从而更好地进行跨语言交流。

在教育领域中，机器翻译也展现出独特价值。学生可以使用机器翻译工具辅助学习外语，快速理解外文资料；教师可以借助机器翻译准备多语言教学内容，提高教学效率。此外，机器翻译还有助于国际学术交流与合作，促进知识的传播与共享。

在商业领域中，机器翻译的应用同样广泛。企业可以利用机器翻译制作多语言市场营销材料，如产品说明书、广告文案等，有助于拓展国际市场，提高品牌知名度和竞争力。同时，机器翻译还能帮助企业快速处理来自不同国家和地区的客户信息，提升客户服务质量。

在科研领域中，机器翻译也发挥着重要作用。科研人员可以利用机器翻译快速查阅外文文献，了解国际研究动态。机器翻译还能辅助科研人员进行跨语言的数据分析和比较，促进科研合作与交流。

知识点 4 情感分析

1. 定义

情感分析是指通过自然语言处理、文本分析等技术系统地识别、提取、量化和研究情感状态和主观信息。其基本任务是对文档、句子或特定特征级别的文本进行极性分类，判断在文档、句子或实体特征中表达的意见是积极的、消极的还是中性的。更高级的情感分类则关注具体的情绪状态，如"愤怒""悲伤"和"快乐"等。

2. 技术方法

（1）基于规则的方法

基于规则的方法通常需要人工制定一套规则。这些规则会根据文本中的特定单词、短语或模式来识别情绪。这些规则通常依赖于情感词典，即将单词和短语映射到其情感分数的词典，用以表明其极性（正面、负面或中性）和强度。

这种方法简单且易于实现，能够准确反映文本的非结构化特征，且易于分析和理解。然而，它难以覆盖所有情感表达方式，并且容易受到语言变化和文化差异的影响。此外，构建和维护情感词典需要耗费大量时间和人力成本。

（2）基于机器学习的方法

基于机器学习的方法可以利用统计模型或神经网络模型，从大量标注了情感极性和强度的文本数据中学习特征和规律，从而对新文本进行情感分析。基于机器学习的情感分析方法主要分为监督学习和无监督学习两类。

在监督学习中，模型通过训练已标记的数据集来学习目标函数，其目的是准确地将输入特征映射到输出标签（即情感分数）。这种方法因其高效性和准确性在情感分析中被广泛应用。常见的监督学习算法包括朴素贝叶斯、支持向量机，以及近年来流行的深度学习技术，如卷积神经网络和循环神经网络等。

与监督学习不同，无监督学习不依赖标记数据，而是通过探索数据中的内在结构或模式来进行情感分析。无监督的情感分析技术通常涉及聚类算法或主题建模方法，揭示文本中的基本结构或潜在主题。

基于机器学习的方法能够自动适应不同语言和领域，处理复杂和隐藏的情感。该方法需要大量数据和计算资源，并且在进行文本内容的情感分析时，常常无法充分利用上下文的语境信息，因此分类准确性可能会受到一定影响。

3. 应用

情感分析广泛应用于各个领域。在商业领域中，情感分析常用于产品评价分析。企业可以通过收集和分析客户在购买产品后留下的评价或反馈，了解客户对产品的满意度。这种分析不仅有助于企业监控市场趋势，还能揭示消费者对产品或品牌的情感倾向，从而指导企业的市场策略和产品改进方向。图 3-9 所示为对产品买家评论进行情感分析的示例。

图 3-9　对产品买家评论进行情感分析的示例

在社交媒体领域中，情感分析在舆情监控中发挥着重要作用。通过分析公众在社交媒体上对热点事件或人物的评价和态度，企业、政府机构和媒体能够及时了解公众的情感倾向和舆论走向。这有助于他们更好地应对舆情危机，制定有效的公关策略。

在医疗健康领域中，情感分析常用于分析患者的反馈和评论。通过收集并深入分析这些数据，医疗机构能够更好地了解医疗服务的质量和患者的满意度。这种分析有助于发现服务中的不足，医疗机构可以采取针对性的改进措施，提升医疗服务的质量并改善患者的体验。

知识点 5　问答系统

问答系统（Question Answering System，QA）是一种高级的信息检索形式，它能够以准确、简洁的自然语言，回答用户通过自然语言提出的问题。作为人工智能与自然语言处理领域中备受关注且具有巨大发展潜力的研究方向，问答系统的兴起主要源于人们对快速、精准获取信息的迫切需求。

1. 定义

问答系统旨在满足用户快速获取信息的需求。随着技术发展，其应用范围也在不断扩大。问答系统的研究和发展不仅推动了人工智能技术的进步，也为人们的日常生活带来了许多便利。

2. 工作原理

问答系统的工作流程通常包括以下三个关键步骤。

（1）问题理解

系统首先对用户输入的自然语言问题进行解析。通过句法分析技术解构问题的语法结构，明确主语、谓语、宾语等核心成分；借助命名实体识别技术标注问题中的实体类别（如人名、地名、时间等）；利用问题分类模型判断问题类型（如事实类、定义类、比较类等）。然后，系统提取关键语义要素，包括核心疑问词（如"谁""什么""如何"）、目标实体及限定条件等，形成结构化的问题表征，为后续处理提供明确的语义导向。

（2）知识获取

在理解问题的基础上，系统从广泛的知识源中搜索并获取与问题相关的信息。这些知识源可能包括结构化数据库、非结构化文档、知识图谱等。系统通过关键词匹配、语义相似度计算等手段，从海量知识源中快速提取与问题紧密相关的信息。

（3）智能生成

系统根据问题类型匹配知识库中的信息，生成准确的答案。这一步骤可能需要借助推理引擎、模板生成等技术，确保答案的准确性和可读性。

3. 分类

问答系统根据其特点和应用场景的不同，可以分为以下几类。

（1）限定域问答系统

这类系统专注于特定领域或内容范围，如医学、法律等。它们通常针对特定领域的知识进行深度建模和优化，能够提供更加专业和准确的回答。

（2）开放域问答系统

这类系统的可回答范围非常广泛，不受特定领域的限制。它们通常基于大规模语料库进行训练，能够理解和回答各种主题的问题。

（3）基于知识库的问答系统

这类系统依赖于预先构建的知识库来回答问题。这些知识库通常包含结构化或半结构化的数据，如关系数据库、本体等。系统通过查询和推理这些知识库来生成回答。在政务领域的对话问答机器人中，基于知识库的问答技术已被广泛应用。

（4）基于搜索引擎的问答系统

这类系统利用搜索引擎检索相关文档，并从中提取答案。它们通常结合自然语言处理和信息检索技术，能够自动从大量文本数据中提取有用信息。

（5）基于深度学习的问答系统

这类系统通过深度学习模型理解问题，并从大量文本数据中学习生成答案。它们通常采用循环神经网络、长短期记忆网络、Transformer 等先进的深度学习模型进行训练和推理。

问答系统作为人工智能和自然语言处理领域的重要研究成果，具有广泛的应用前景和研究价值。通过准确理解用户问题、高效获取知识并生成精准答案，问答系统为人们提供了便捷、高效的信息获取方式。随着技术的不断进步和应用场景的拓展，问答系统将在更多领域发挥更大的作用，为用户提供更加智能、便捷的服务。

学习任务 3　人工智能工具的初体验

在人工智能领域中，ChatGPT 是具有重要影响力的代表，其强大的自然语言处理能力和广泛的应用场景赢得了业界的广泛认可。然而，随着科技的快速发展，新技术不断涌现。国产人工智能大模型 DeepSeek 凭借其独特的优势，在众多大模型中脱颖而出，成为业界关注的焦点。

知识点 1　DeepSeek 功能亮点

1．强大的中文语言处理能力

DeepSeek 在中文语言处理方面能力突出，能够准确处理中文的复杂语法、丰富词汇和多样语境，生成自然流畅的中文文本。DeepSeek 能深入理解中文含蓄的表达特点，在成语使用、俗语表达等应用方面都有不错表现。

2．高效的文本生成与创作辅助

DeepSeek 能够根据用户提供的提示或上下文信息，快速生成逻辑连贯的文本内容，如文章、故事、报告等。同时，它还可以作为辅助创作工具，为文字工作者提供内容优化建议，从而提高创作效率和质量。

3．智能问答与知识检索

DeepSeek 内置了广泛、全面的知识库，涵盖了各个领域的专业知识。它能够迅速且准确地回答用户的问题，满足信息查询需求。DeepSeek 还具备强大的信息检索能力，能够从海量数据中快速定位并提取用户所需的信息。图 3-10 演示了 DeepSeek 解答"鸡兔同笼"问题的思考过程。

4．多模态交互与融合

DeepSeek 支持文本、图像等多模态的输入和输出，真正实现了多模态的自然交互与信息融合。用户可以通过文字、图片等方式与 DeepSeek 互动，获得更加全面且丰富的信息体验和服务。这种多模态的交互方式不仅让沟通更加便捷、高效，还能够充分满足用户多样化需求。

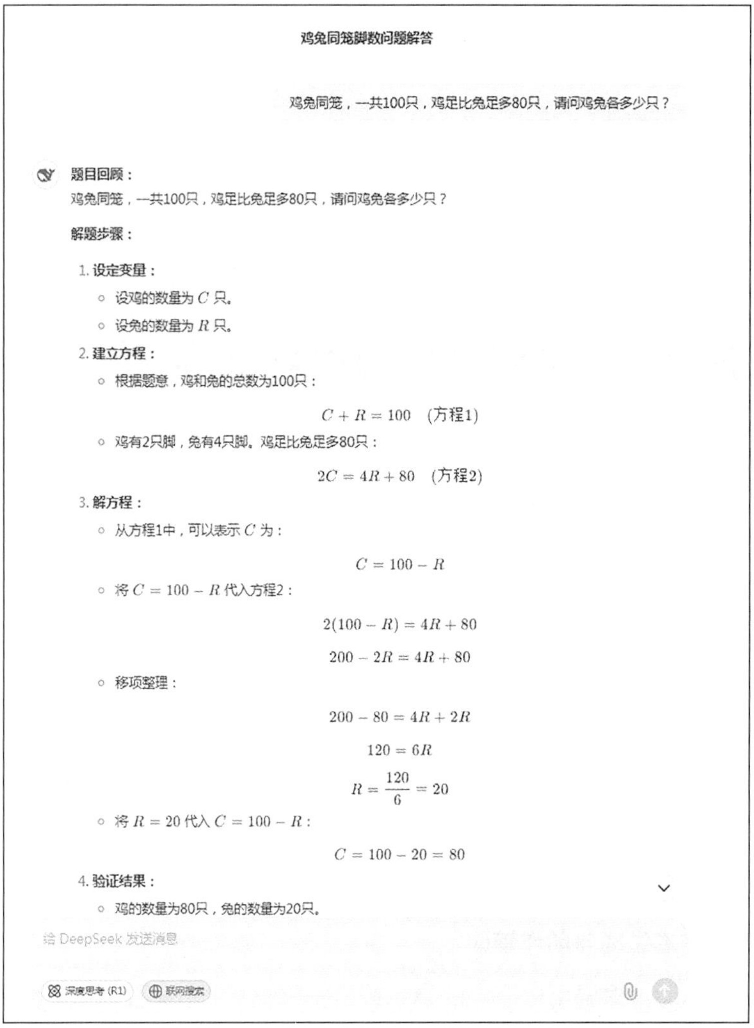

图 3-10　DeepSeek 解答"鸡兔同笼"问题的思考过程

5. 智能辅助编程

DeepSeek 能够提供代码补全、错误调试、代码优化等一系列智能辅助编程功能。这些功能不仅帮助程序员提高编程效率、减少错误发生，还能帮助他们快速学习新的编程语言或技术框架，提升代码质量。

知识点 2　DeepSeek 使用指南

1. 使用方法

（1）访问官网

打开浏览器，访问 DeepSeek 的官方网站。

（2）登录或注册

进入 DeepSeek 的登录界面。如果已有账号，直接输入账号和密码登录；如果没有账号，单击"注册"按钮，按照提示填写相关信息完成注册，并登录账号。

（3）初始设置

进入 DeepSeek 官网首页，就可以开始使用相关功能。DeepSeek 主页如图 3-11 所示。

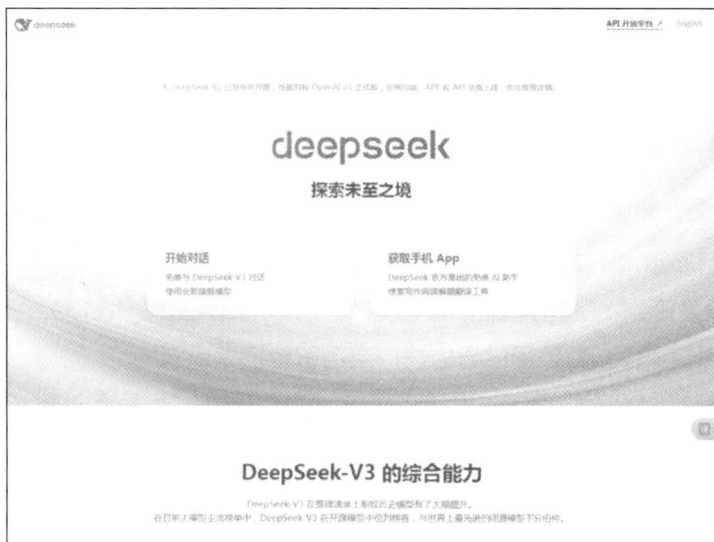

图 3-11　DeepSeek 主页

2. 使用技巧

（1）提问技巧

尽量使用具体、明确的关键词，避免使用模糊或过于宽泛的词汇。例如，不要使用提示词"如何学习编程？"，而是使用更明确的提示词"如何从零开始学习 Python？"

对于复杂任务，可以尝试将任务拆分为多个小步骤，逐步引导 DeepSeek 完成。例如，不要直接提问"如何开发一个网站？"，而是分步骤提问，如"如何设计网站首页？""如何实现用户登录功能？"等。

（2）记忆管理

利用 DeepSeek 的记忆管理功能，使用"#标签"保存对话记录，方便后续查找和使用。例如，在讨论某个项目时，可以使用"#项目 A"作为标签。后续可以通过搜索"#项目 A"快速找到相关对话。

（3）联网搜索功能

DeepSeek 的联网搜索功能能够实时连接互联网，通过搜索引擎获取最新信息，从而生成更全面、准确的答案。它支持多引擎聚合，可集成百度、搜狗、360 等搜索引擎，能够有效弥补本地模型知识库的限制，提升回答质量。

【学习小结】

本学习主题深入探讨了人工智能应用技术中的计算机视觉和自然语言处理两大领域中的相关概念。通过图像识别、物体检测、图像分割、姿态估计和图像生成等技术的介绍，讲解了计算机视觉如何赋予机器"看"并理解世界的能力。通过讲解文本分类、机器翻译、情感分析和问答系统等技术，介绍了自然语言处理的广泛应用。此外，本学习主题还介绍了国产人工智能工具 DeepSeek 的强大功能，带领读者体验了人工智能技术的实际应用。

【思考与练习】

一、选择题

1. 下列哪项技术不属于计算机视觉的范畴？（   ）

　　A. 图像识别　　　B. 自然语言处理　　C. 物体检测　　　　D. 图像分割

2. 在图像识别中，哪种网络结构被广泛用于特征提取？（   ）

　　A. 循环神经网络　B. 卷积神经网络　　C. 决策树　　　　　D. 支持向量机

3. 下列哪项不属于自然语言处理的核心任务？（   ）

　　A. 文本分类　　　B. 图像生成　　　　C. 情感分析　　　　D. 问答系统

4. 机器翻译中，哪种方法能够更好地处理长句和复杂语法结构？（   ）

　　A. 基于规则的机器翻译　　　　　　B. 统计机器翻译

　　C. 神经机器翻译　　　　　　　　　D. 以上都是

二、填空题

1. 计算机视觉是一种通过计算机模拟人类视觉观察和分析图像的技术，其核心任务是让计算机能够识别和理解图像中的关键信息，如_____、人物、场景、文字等。

2. 在图像分割中，基于阈值的分割方法是根据图像的_____值或颜色值设定阈值，将图像中的像素分为不同的类别。

3. 自然语言处理中的文本分类旨在将文本数据自动分类到_____的类别中，提供一致、高质量的数据标注。

4. DeepSeek 是一款国产人工智能工具，具有强大的中文语言处理能力，能够准确处理中文的复杂语法、丰富词汇和_____语境。

三、论述题

1. 简述计算机视觉技术在医疗领域的应用及其意义。

2. 请描述自然语言处理中情感分析技术的基本原理及其应用场景。

学习模块 Ⅲ
人工智能应用实践

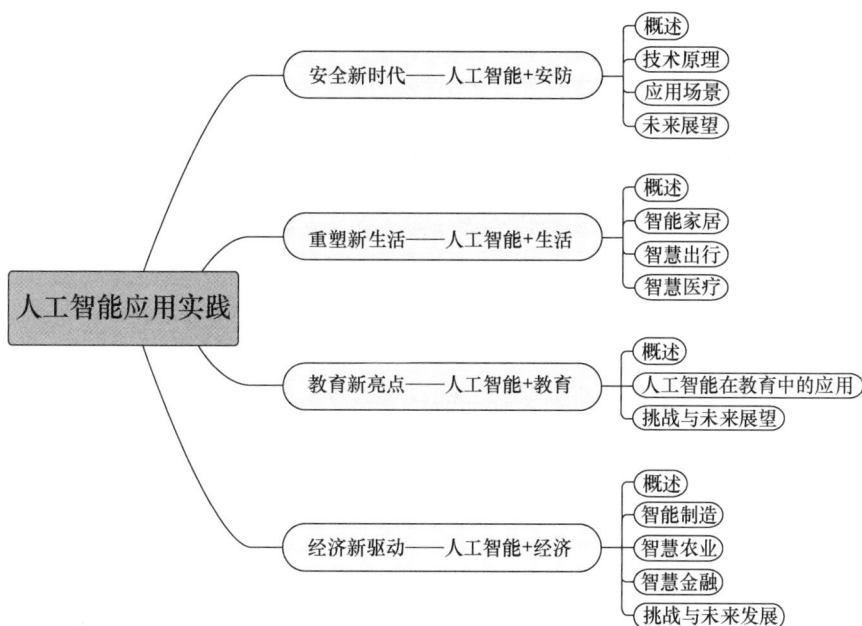

- 人工智能应用实践
  - 安全新时代——人工智能+安防
    - 概述
    - 技术原理
    - 应用场景
    - 未来展望
  - 重塑新生活——人工智能+生活
    - 概述
    - 智能家居
    - 智慧出行
    - 智慧医疗
  - 教育新亮点——人工智能+教育
    - 概述
    - 人工智能在教育中的应用
    - 挑战与未来展望
  - 经济新驱动——人工智能+经济
    - 概述
    - 智能制造
    - 智慧农业
    - 智慧金融
    - 挑战与未来发展

PART 04

学习主题 4
安全新时代
——人工智能+安防

【学习导读】

　　智能安防的主要目的是通过先进技术手段提升安全监控、预警和响应能力，保护人身和财产安全。本学习主题首先介绍智能安防行业的发展现状，其次阐述智能安防的技术原理与应用场景，并探讨我国智能安防行业的未来发展趋势。

学习目标

- 了解智能安防行业的发展历程及其产业链。
- 熟悉智能安防技术原理。
- 熟悉智能安防的应用场景。

素养目标

- 引导学生紧跟时代的发展，感受科技创新的魅力，激发学生学习兴趣，增强创新意识。
- 引导学生了解智能安防新技术，关注国家智能安防行业发展，感受国家进步，增强爱国主义情怀。
- 培养学生精益求精、科学严谨、追求卓越的工匠精神。

【思维导图】

```
                              ┌─ 发展历程
                    ┌─ 概述 ──┼─ 智能安防行业的产业链
                    │         └─ 智能安防行业市场发展现状
                    │
                    │                      ┌─ 智能安防概述
安全新时代──人工智能+安防 ─┼─ 技术原理 ──┤
                    │                      └─ 关键技术
                    │
                    ├─ 应用场景
                    │
                    └─ 未来展望
```

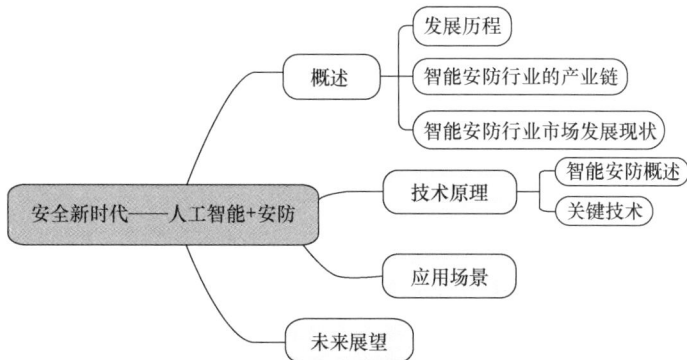

学习任务 1 概述

知识点 1 发展历程

随着人工智能、大数据、云计算等技术的不断发展，安防行业正在从传统的视频监控向智能安防转变，智能安防的应用范围逐渐覆盖各行各业。

扩展阅读

1959 年，故宫发生了一起盗宝案，被盗的是西间展厅的首卷柜，柜内陈列着 14 页金册、10 页玉册、5 柄玉雕花把金鞘匕首及金钗、佩刀等文物，如图 4-1 所示。这一事件推动了我国安防行业的发展，也被视为我国现代安防技术的开端。当时故宫采用的是原始、简单的晶体管监听报警设备，通过声音监测来判断突发异常。

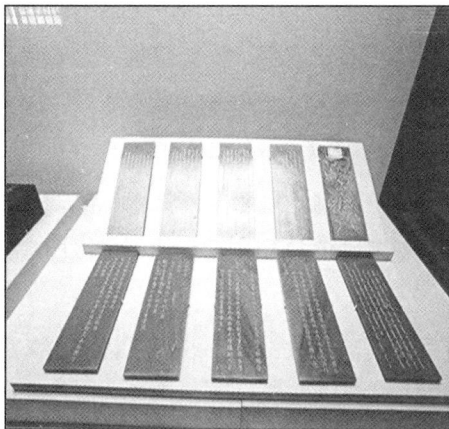

图 4-1 故宫失窃文物

智能安防的发展历程可以划分为以下几个阶段：传统安防阶段、数字化转型阶段、智能化阶段、物联网与人工智能驱动阶段、智能安防全面应用阶段。每个阶段均体现了独特的技术创新和市场需求。

（1）传统安防阶段

早期的闭路电视监控系统引入了监控摄像机，主要用于监控公共场所。传统的安防系统依靠人工监控和报警装置，需要手动触发报警，其可靠性存在一定局限。

（2）数字化转型阶段

随着数字视频录像技术的发展，监控系统开始向数字化方向转型，并逐渐提高了图像质量和存储效率。网络摄像头的出现使远程监控成为可能，用户可以通过互联网访问实时视频，大幅提升了监控的便捷性和覆盖范围。

（3）智能化阶段

这一阶段引入了视频内容分析技术。通过图像分析，系统能够自动识别异常行为，实现智能报警和事件检测功能。此外，安全监控系统开始与报警、消防等其他安全子系统集成，逐步形成综合化的安全解决方案。

（4）物联网与人工智能驱动阶段

物联网的飞速发展实现了设备之间的互联互通，使得数据的采集和传输更加高效，从而构建了更全面的智能安防网络。人工智能技术的应用显著提升了视频分析和异常检测的准确性。同时，数据处理从中心服务器迁移到靠近数据源的边缘设备，这一转变不仅提高了实时响应能力，还增强了数据的安全性。

（5）智能安防全面应用阶段

随着智能安防技术的普及，依托云计算和大数据技术，智能安防系统能够实现数据的安全存储与高效分析。这些系统具备更强大的数据处理能力，并提供便捷的远程访问功能。智能安防系统的应用场景日益广泛，覆盖了智慧城市、商业场景以及居家安防等领域，并提供个性化和定制化的解决方案以满足不同用户的需求。

5G 与人工智能的快速发展，将推动安防行业在覆盖范围、视频采集、感知应用、防控能力、产业转型等方面不断升级，助力安防行业迈入"大安防时代"，从以"专制专用"为特点的公安领域逐步走向共建"和谐民生"的多元化应用场景。

5G 智能安防将加速安防体系的重构，突破时空限制，融合最新技术，实现从物理世界向数字世界的映射，同时将数字世界的内容叠加并渲染到物理世界，形成虚实协同的安防数字孪生系统。

智能安防不仅显著提升了安全性和监控效率，还在很大程度上改善了社会整体的安全环境。在国家政策的大力支持下，"平安城市""平安社区"等工程已在全国范围内深入推进，全民安防理念基本形成，为社会稳定和民生福祉提供坚实保障。

知识点 2　智能安防行业的产业链

经过多年的发展，安防行业已经形成较为完整的产业链，主要分为三个部分：上游部分主要包含视频、算法提供商和芯片制造商；中游部分包含软件、硬件厂商和系统集成商以及运营服务商；下游部分主要包括终端应用客户，如图 4-2 所示。

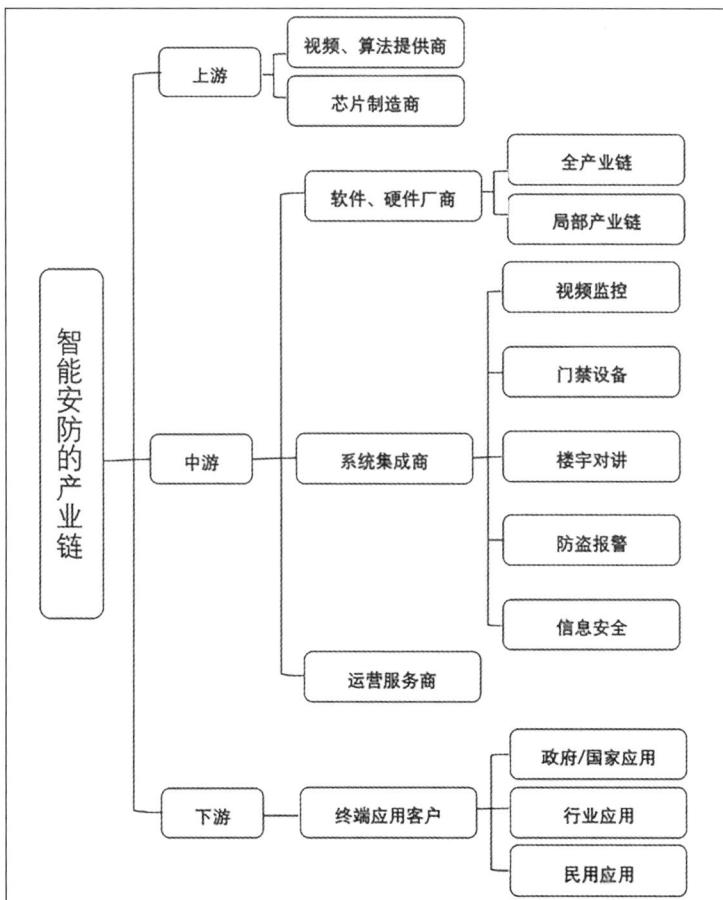

图 4-2　智能安防的产业链

知识点 3　智能安防行业市场发展现状

安防行业是构建立体化社会治安防控体系、维护国家安全及社会稳定的重要保障行业。随着光电信息技术、微电子技术、微计算机技术与视频图像处理技术等技术的发展，传统的安防系统的发展正由数字化、网络化逐步转向智能化。近年来随着人工智能行业逐步发展、深度学习技术逐渐成熟，传统数字化安防产品已无法满足处理海量数据的需求，这也推动着安防行业向智能化方向发展。2014 年，行业代表企业，如旷视科技等，实现了人工智能图像识别场景落地，安防领域龙头大华股份、海康威视分别于 2015 年、

2017 年明确智能化发展方向；2015 年，《关于加强社会治安防控体系建设的意见》政策出台，将社会治安防控信息化纳入智慧城市建设总体规划。目前，我国智能安防行业处于快速发展阶段。我国安防行业产值规模情况如图 4-3 所示。

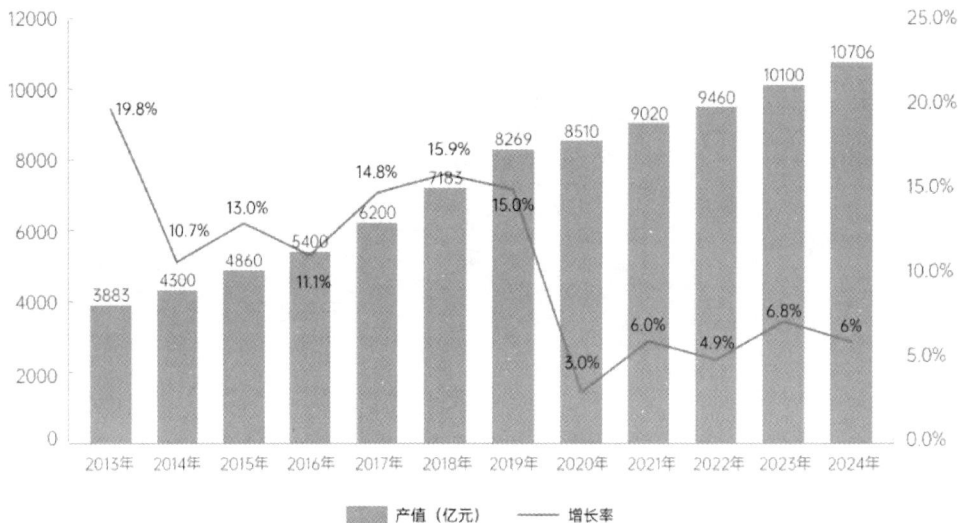

图 4-3　我国安防行业产值规模情况

学习任务 2　技术原理

知识点 1　智能安防概述

智能安防监控系统是一种利用计算机、通信、物联网、人工智能等技术，对各种安全风险进行实时监控、预警、分析和处置的综合性系统。

国际上通常将安防划分为信息安防和实体安防两类。其中，实体安防包括技术防护（技防）、物理防护（物防）和人员防护（人防）。根据不同的功能和应用场景，安防行业可细分为视频监控、门禁识别、防盗报警、消防报警、可视对讲等多个领域。

随着数字化技术、云计算技术、大数据技术的快速发展，安防系统正在从传统的视频监控向智能防控和智能管理的方向转型。基于大数据技术的防控辅助系统具有高效性、完整性、全面性的特点。智能安防主要包括以下功能。

（1）自动化监控：通过监控摄像头和传感器实时采集视频和环境数据，实现自动监控和报警功能。

（2）智能分析：利用人工智能技术对采集的图像和视频数据进行智能分析，能够识别异常行为、人员和物体，从而提前发出警报。

（3）物联网连接：实现设备间的互联互通，使多个安防设备协同工作，提升监控的效率与便利性。

（4）远程访问：通过云平台或网络，用户可以随时随地访问监控视频和系统设置，提高操作灵活性。

（5）数据存储与处理：借助云计算技术存储和分析海量数据，为决策制定和风险评估提供支持。

（6）隐私保护：随着技术进步，智能安防系统愈发重视用户隐私保护，确保在监控和数据收集过程中严格遵循相关法律法规。

知识点 2　关键技术

1. 视频图像处理与分析技术

视频图像处理与分析技术是智能安防监控系统的核心基础，主要涵盖以下几个方面。

（1）图像预处理：包括去噪、增强、缩放等操作，旨在提高图像质量并降低计算复杂度。

（2）特征提取与表示：通过计算机视觉和图像处理算法（如 SIFT、SURF、HOG 等），从图像中提取有用的特征信息，并构建高效的特征表示。

（3）目标检测与跟踪：利用机器学习或深度学习算法（如 R-CNN、YOLO、SSD 等），实现对目标物体的检测与跟踪。

（4）行为识别：通过分析目标物体的运动轨迹、速度、姿态等特征，对其行为进行识别和分类（如跑步、摔倒、打架等）。

2. 物联网技术

物联网技术能够实现对各类传感器和数据源的管理，并进行通信。在智能安防监控系统中，物联网技术可以在以下几个环节中发挥作用。

（1）数据采集：通过有线或无线网络，实时采集各种传感器（如摄像头、红外探测器等）和数据源（如公开数据库、地理信息系统等）提供的数据。

（2）数据传输与通信：利用多种通信协议（如 TCP/IP、ZigBee、LoRa 等），实现数据的实时传输、共享和远程访问。

（3）设备控制与管理：通过物联网平台或应用软件，实现对各类设备（如摄像头、报警器等）的远程控制、配置和维护。

3. 人工智能与深度学习技术

人工智能与深度学习技术在智能安防监控系统中的应用主要包括以下几个方面。

（1）数据融合与分析：通过卷积神经网络等深度学习模型，自动学习多源数据的特征，并进行融合与分析。

（2）异常行为检测：利用训练的深度学习模型，如长短期记忆网络、三维卷积神经网络等，对异常行为进行实时监测和预警。

（3）目标识别与分类：利用深度学习模型（如 ResNet、MobileNet 等），完成对目标物体（如人脸、车牌等）的识别和分类。

（4）预测与决策：通过训练深度学习模型，对数据进行分析、预测，并为用户提供实时准确的预警信息和决策建议。

学习任务3　应用场景

在人防、物防、技防构成的安防领域中，人工智能也发挥了重要作用。人工智能在安防市场中的应用主要体现在以下几个方面。

1. 公共安全领域

人工智能在公共安全领域主要用于犯罪嫌疑人线索的筛选和跟踪。在城市的主要路口、商业区、公共场所等区域，普遍配置了高分辨率的摄像头。面对海量数据，人工智能在视频特征提取、内容理解方面具有显著优势。前端摄像机内置人工智能芯片，可实时分析视频内容，检测运动对象，识别人、车属性信息，并将数据传输至后端人工智能中心数据库进行存储。通过汇总海量信息，利用强大的计算能力和智能分析能力，人工智能可以对嫌疑人的信息进行实时分析，提供线索建议，将锁定犯罪嫌疑人的轨迹时间从原来的几天缩短到几分钟，大幅提升破案效率。人工智能系统还以自然语言的方式与办案民警进行沟通，是办案人员的智能助手。

以车辆特征识别为例，如图 4-4 所示，人工智能系统采用高清智能网络摄像机，对通行车辆进行清晰抓拍。

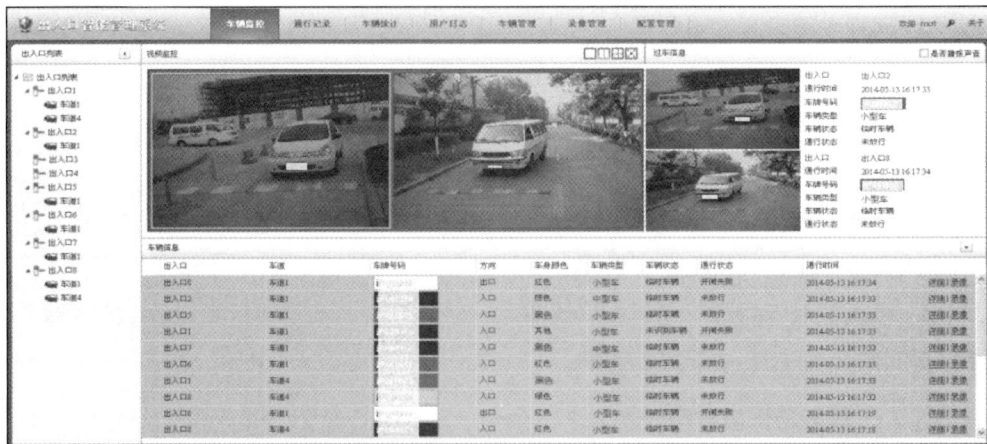

图 4-4　车辆特征识别

然后，通过补光以及成像控制技术，在强顺光、强逆光、夜间等各种不良光照条件下，人工智能系统可以实现对机动车车牌、车型等车辆信息的有效识别，如图 4-5 所示。

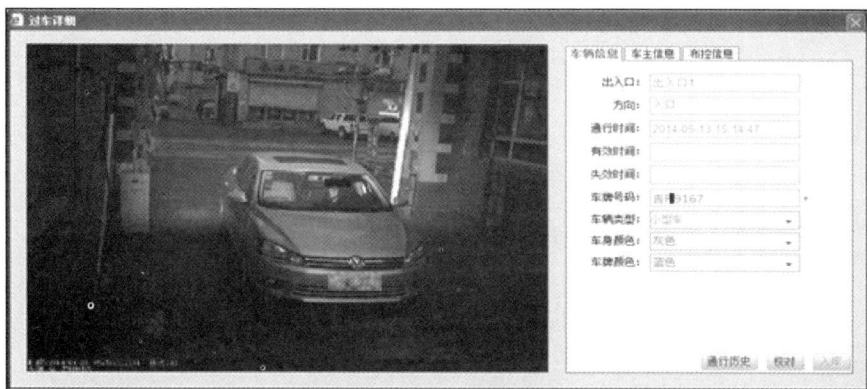

图 4-5　对车辆信息进行识别

人工智能系统能够在各种时段、不同环境光（如强顺光、强逆光等条件）以及各种天气情况下，获取清晰的驾驶人脸部图像。在抓拍车辆信息的同时，系统还能记录当前车辆的实际驾驶人信息，如图 4-6 所示，以便管理人员进行身份验证。

图 4-6　记录实际驾驶人信息

2. 交通行业

随着交通卡口系统的大规模联网，汇集的海量车辆通行记录信息对城市交通管理具有重要的作用。人工智能技术可用于实时分析城市交通流量，调整红绿灯间隔，缩短车辆等待时间，提升道路通行效率。城市智能交通管理系统能够实时掌握城市道路上通行车辆的轨迹信息、停车场的车辆信息以及小区的停车信息，并能提前预测交通流量变化和停车位数量变化，从而合理调配资源、疏导交通。

3. 智能楼宇

在智能楼宇领域中，人工智能系统被称为建筑的"大脑"，综合管理建筑的安防和能耗系统。通过对进出大厦的人员、车辆、物品实现实时的跟踪定位，人工智能系统可以区分办公人员与外来人员，并监控大厦的能源消耗，从而优化大厦的运行效率。如

图 4-7 所示，智能楼宇的人工智能系统能够汇总整个楼宇的监控信息、刷卡记录。室内摄像头可以清晰捕捉人员信息，在门禁刷卡时实时比对通行卡信息及刷卡人脸部信息，以检测盗刷卡行为。此外，人工智能系统还能够追踪工作人员在大楼中的行动轨迹和逗留时间，及时发现违规探访行为，确保核心区域的安全。

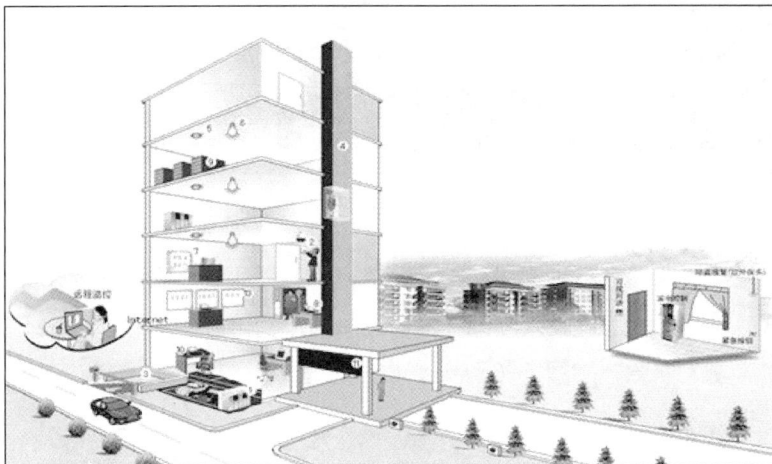

图 4-7 智能楼宇的人工智能系统

4. 工厂园区

工业机器人大多数是固定在生产线上的操作型机器人。可移动巡线机器人在无人工厂中具有广泛的应用前景。在工厂园区内外，通过设置监控摄像头、入侵探测器，并接入数据分析平台监测异常行为，可以有效防止盗窃和安全事故的发生。如图 4-8 所示，可移动巡线机器人可以定期进行巡逻，读取仪表数值，分析园区潜在的风险，保障无人工厂的正常运行。

图 4-8 可移动巡线机器人

5. 民用安防

在民用安防领域中，每个用户的需求都具有个性化特征。利用人工智能强大的计算能力及服务能力，可以为用户提供差异化服务，提升个人安全感，满足人们日益增长的安全需求。以家庭安防为例，当检测到家中无人时，家庭安防摄像机可自动进入布防模式。一旦发现异常情况，系统可以对闯入人员发出声音警告，并远程通知户主。当家庭成员回家后，系统能够自动撤防，从而保护用户隐私。夜间，系统通过自主学习，可以掌握家庭成员的作息规律，在主人休息时启动布防措施，确保夜间安全，免去人工操作布防的烦琐步骤，真正实现人性化智能安防。

这些应用展示了智能安防技术在各个领域的灵活性，有效提升安全管理水平。随着技术的不断进步，未来智能安防的应用将更加广泛和深入。

学习任务 4　未来展望

扩展阅读

近年来，国内安防行业企业的集中度大幅提高，行业竞争日益激烈，资源向龙头企业集中的趋势愈加明显。目前，我国智能安防企业的大致可以分为三个梯队，如图4-9所示。海康威视、大华股份属于第一梯队；宇视科技（已被千方科技收购）、苏州科达、东方网力、佳都科技、旷视科技、捷顺科技等企业则属于第二梯队；其他企业则归为第三梯队。随着大华股份、海康威视两大龙头企业的快速发展，大型企业与中小型企业之间的差距逐渐拉大。此外，这些龙头企业在产业链延伸、横向跨界、行业深耕方面的优势愈加明显，其在行业中的竞争地位也得到了进一步的巩固。

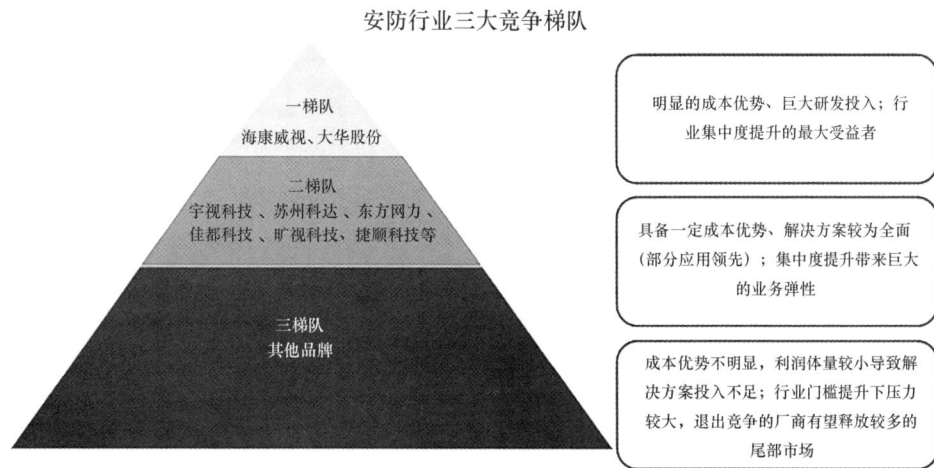

图 4-9　安防行业企业

随着现代信息技术的持续进步，智能安防将在多个层面对传统安防产业带来深刻影响。这种影响不仅表现在行业覆盖范围的不断扩展，还体现在产业转型升级、业务形态创新、视频采集与处理能力提升、感知与应用能力增强以及整体防控体系优化等方面。

未来，随着第五代移动通信技术、感知与控制技术、视频渲染技术以及智能化设施设备的日益成熟与广泛应用，安防业务将呈现出更高的灵活性和多样性。通过这些技术的融合，安防系统能够实现对物理世界的数字化映射，并将数字世界的分析结果反作用于现实环境，逐步形成虚实结合的安防数字孪生体系。

可以预见，未来的智能安防将不仅是单一的安防工具，而是一个高度智能化、虚实融合的安全生态体系，为社会治理与公共安全提供更加坚实的技术支撑。

【学习小结】

本学习主题主要讲解了智能安防的发展阶段，产业链以及应用。未来是高科技迅速发展的时代，不仅物质生活日益丰富，人们对精神层面的需求也在不断扩展。在这一背景下，公众对安全的高度关注和强烈需求，必然会成为推动智能安防系统持续升级的重要动力。可以预见，未来，功能更强大、保障更安全的智能安防系统将为人们的日常生活带来更多便利。

【思考与练习】

一、选择题

1. 在智能安防的发展历程中，哪个阶段开始引入视频内容分析技术，实现智能报警和事件检测？（　　）

    A. 传统安防阶段　　　　　　　　B. 数字化转型阶段

    C. 智能化阶段　　　　　　　　　D. 物联网与人工智能驱动阶段

2. 在智能安防的产业链中，哪个环节主要聚焦于技术研发和硬件设备供应？（　　）

    A. 上游　　　　　B. 中游　　　　　C. 下游　　　　　D. 全部环节

3. 下列哪项不属于智能安防系统的主要特点？（　　）

    A. 自动化监控　　B. 智能分析　　C. 物联网连接　　D. 人工监控

4. 在智能安防的关键技术中，哪种技术用于对采集到的图像和视频数据进行智能分析？（　　）

    A. 物联网技术

    B. 视频图像处理与分析技术

    C. 人工智能与深度学习技术

    D. 传感器融合技术

二、论述题

1. 简述智能安防的发展历程及其各个阶段的主要特点。

2. 分析智能安防行业产业链的主要环节及其作用。

3. 探讨智能安防技术在提升城市安全管理水平中的作用与挑战。

PART 05

重塑新生活
——人工智能+生活

【学习导读】

在家居领域中，人工智能技术使家庭设备更加智能化，提高了居住舒适性；在医疗领域中，人工智能可以帮助医生进行更准确的诊断，并制定更有效的治疗方案。本学习主题主要介绍人工智能在人们日常生活中的应用，从基本概念入手，阐述关键技术，解析常见的人工智能应用，并帮助读者理解和展望未来的智能生活。

学习目标

- 了解智能家居、智慧出行、智慧医疗在日常生活中的实际应用。
- 理解智能生活应用所涉及的核心技术原理。
- 针对给定的智能生活应用场景，能够阐述相关的技术原理。
- 能够基于智能生活应用的现实案例，分析未来发展趋势与重点。

素养目标

- 引导学生体验科技带来的便捷，增强"科技改变生活"的意识，树立科教兴国的理念，坚定认真学习的信念。
- 引导学生了解智慧交通新技术，开阔视野，提升生活技能。
- 引导学生认识生命的可贵，树立敬畏生命、珍惜生命的意识，养成良好的生活习惯，增强自我锻炼的观念。

【思维导图】

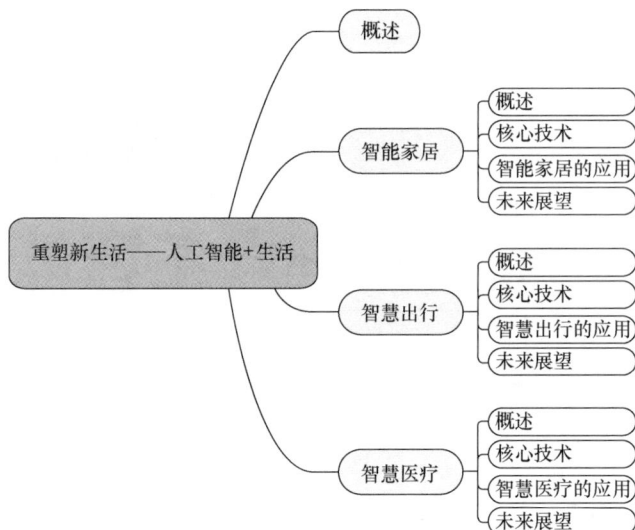

扩展阅读

美国西北部华盛顿州的豪宅——"未来之屋"

位于美国西雅图华盛顿湖东岸的"未来之屋",如图 5-1 所示,依山傍水,既是智能家居的经典之作,也是一处美丽景观。该建筑分为多个区域,包括办公区、体育馆、7 间卧室、6 间厨房、24 间浴室、穹顶图书馆、接待大厅和人工湖。

图 5-1　未来之屋

"未来之屋"的智能化系统可实现多项自动化功能:主人在回家途中,浴缸会自动放水并调节温度;卫生间配备健康监测系统,发现人体异常时会立即发出警报;车道旁装有自动灌溉系统,通过监测系统判断园内树木的需水量,并根据判断结果,释放适当的水;访客佩戴专用别针后,系统会自动调节室内温度、湿度等参数以适应访客偏好。

学习任务 1 概述

随着信息技术的迅猛发展和人们对便利性的追求，人工智能正在以前所未有的速度改变我们的生活方式和工作方式。人工智能技术广泛应用于各种智能设备中，能够更好地满足用户需求，实现智能化和自主化。物联网技术实现了多设备互联，使不同智能设备之间的连接更加便捷，协同工作更加高效。现代智能设备不仅局限于满足单一功能需求，还能提供全面的智能化服务，显著提升人们的生活品质。

从智能手机中的语音助手到自动驾驶汽车，从智能家居到智慧医疗，人工智能的应用几乎无处不在，深刻影响着我们的生活。从日常消费到专业服务，从个人娱乐到社会治理，人工智能正不断拓展人类能力的边界。当然，随着技术的快速发展，我们也必须关注其带来的伦理和隐私等问题，确保人工智能技术朝着更加健康、可持续的方向发展。

1. 提高生活品质与便利性

人工智能在提升生活品质与便利性方面发挥着重要的作用。在居家生活中，运用人工智能技术可以实现对家庭设备的智能化控制，常见的人工智能系统包括智能照明系统、智能安防系统、智能家电系统等。这些系统能够学习用户的生活习惯，自动调整家居环境，为用户提供更加舒适和便捷的生活体验。例如，智能恒温器可以根据室内温度和室外天气自动调节室内温度，智能门锁可以通过人脸识别或手机应用远程控制，大幅提高安全性。

人工智能在医疗领域的应用也日益广泛，包括疾病诊断、治疗方案制定、药物研发等。借助深度学习等技术，人工智能系统能够辅助医生更准确地判断病情并设计治疗方案，从而提高医疗质量和效率。此外，人工智能还可用于健康管理和预防保健，帮助人们更科学地管理健康状况。人工智能正在深刻改变教育模式，它可以根据学生的学习情况和能力水平，提供定制化的学习计划和资源，帮助学生更高效地掌握知识。同时，人工智能还能够充当教学助手，协助教师完成教学任务，从而减轻教师工作负担并优化教学效果。

2. 推动社会进步与发展

智能交通系统是人工智能应用的重要领域之一。通过自动驾驶技术、智能交通信号控制，人工智能能够优化交通流量，减少交通事故，提高出行效率。在制造业领域中，人工智能正推动着智能制造的发展。通过机器学习和深度学习技术，人工智能可以实现制造过程的自动化和智能化，从而提高生产效率和产品质量，同时降低生产成本和资源消耗。在金融领域中，人工智能的应用加速了智慧金融的发展。通过大数据分析和风险控制技术，人工智能能够实现金融业务的自动化和智能化，提高金融服务的质量和效率，同时降低金融风险和成本。这将为金融行业的创新和可持续发展注入强大动力。

3. 挑战与风险

人工智能正在深刻地影响我们的生活。它不仅提升了人们的生活品质，推动了社会的进步，同时也带来了隐私、就业以及伦理道德等方面的挑战。因此，我们需要积极应对这些挑战，推动人工智能的健康发展。

随着人工智能在日常生活中的广泛应用，我们面临一系列新的问题。人工智能系统可以通过各种智能设备和服务处理海量的个人数据，如使用智能家居设备记录的用户习惯、通过在线购物平台收集的消费偏好以及健康监测设备中的个人健康信息等。这些数据一旦被滥用或泄露，不仅会侵犯个人隐私，还可能威胁个人的财产安全，甚至对社会秩序造成严重影响。因此，在享受人工智能带来的便捷和高效的同时，我们必须高度关注隐私和安全问题，加强数据保护措施，并建立严格的监管机制，确保个人数据的安全。

学习任务 2　智能家居

随着科技进步和智能设备普及，人们愈发重视家居生活的舒适性、安全性与智能性。家居环境正逐渐向智能化方向过渡。人工智能技术的持续创新为智能家居系统的设计与实现提供了更多可能性。智能家居系统通过实现环境感知、语音控制及个性化服务，为用户提供更便捷、安全、舒适的智能家居体验。

知识点 1　概述

1. 概念

智能家居是以住宅为平台，利用综合布线技术、网络通信技术、安全防范技术、自动控制技术、音视频技术，将与家居生活相关的设施进行集成，构建高效的住宅设施与家庭事务管理系统，以提升家居的安全性、便利性、舒适性，并实现环保节能的居住目标，如图 5-2 所示。

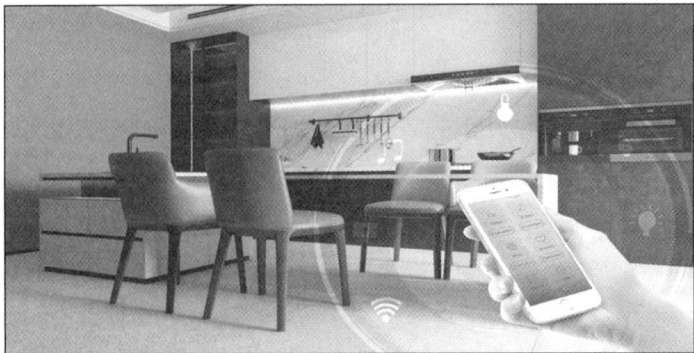

图 5-2　智能家居

2．智能家居的发展历程

我国智能家居起步较晚，但发展较快，经历了萌芽期、开创期、徘徊期、融合演变期和成熟期。

（1）萌芽期

这是智能家居在中国的第一个发展时期，整个行业还处在一个概念熟悉、产品认知的阶段，还没有出现专业的智能家居生产厂商。只有深圳有一两家从事美国 X-10（一种通信协议）智能家居代理销售的公司从事进口零售业务，其产品主要销售给居住在中国的欧美用户。

（2）开创期

在这段时期，智能家居的概念逐渐被国内企业和家庭接受。国内先后成立了五十多家智能家居研发生产企业。智能家居市场逐渐活跃。

（3）徘徊期

2005 年后，智能家居行业一方面因核心算法、传感器精度等基础技术发展不足尚未突破发展瓶颈，另一方面新兴品牌以价格战和生态链整合为手段加速扩张市场，导致行业集中度与竞争激烈程度加剧。中国多家智能家居生产企业退出市场，部分企业缩减了业务规模。与此同时，国外的智能家居品牌逐步进入了中国市场，如罗格朗、霍尼韦尔、施耐德、Control4 等。

在这段时期，也有一些国内企业通过引入 X-10 技术实现转型，如深圳索科特以空调远程控制系统为突破点，成功跻身工业智能控制领域核心厂商行列。

（4）融合演变期

这段时期的核心技术包括物联网、移动互联网、云计算、大数据及人工智能，通过技术融合重构了产业底层架构。2011 年 11 月，工业和信息化部发布《物联网"十二五"发展规划》，将智能家居列为 9 个重点示范应用工程之一，此后各种利好政策接踵而来。国内大批科技企业，如海尔、小米、华为等进入智能家居市场。智能家居产品也从单一的硬件控制发展为与云计算、大数据以及人工智能等技术紧密结合的平台化和生态化系统。

（5）成熟期

2021 年之后，我国智能家居行业的重点发展方向包括以下三个方面。

● 明确数字家庭服务功能。满足居民对家居产品智能化服务的需求；满足居民线上获得社会化服务的需求；满足居民线上申办政务服务的需求。

● 强化数字家庭工程设施建设。加强智能信息综合布线；优化智能产品在住宅及社区配套设施中的设置。

● 完善数字家庭系统。加强数字家庭系统基础平台建设；推进与相关平台对接，实现智能家居产品跨企业互联互通和质量保障；强化网络和数字安全保障。

当前，智能家居已实现全面自动化，设备之间的智能联动和自动化设置日益普及。用户只需一次性设置，便可享受持久的便利服务。此外，用户隐私和安全的相关的保护措施也在不断完善，节能环保应用受到重视，更多产品开始关注可持续发展。

3. 智能家居的产业链

智能家居行业的产业链大致可以分为上游、中游、下游，如图 5-3 所示。

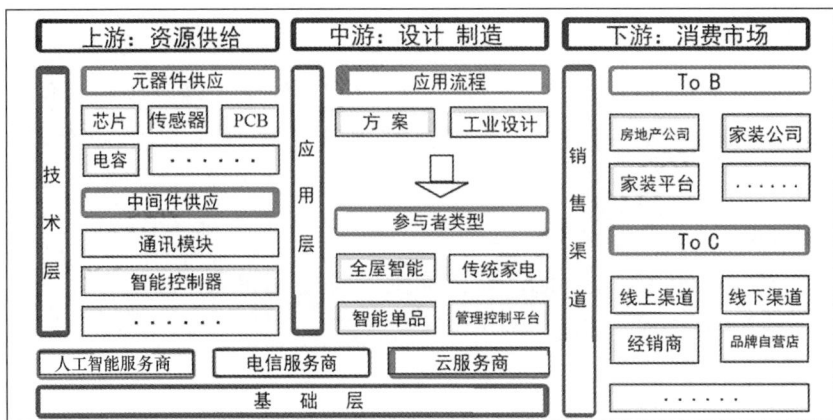

图 5-3　智能家居行业的产业链

未来，智能家居可能会进一步结合人工智能等前沿技术，实现更加人性化的服务和体验。用户的隐私保护和数据安全也仍将是行业发展的重要议题。整体来看，智能家居的发展具有广阔的前景和市场潜力。

知识点 2　核心技术

智能家居通过物联网技术将家中的各种设备（如电视、空调、照明系统、安防系统、数字影院系统等）连接在一起，提供家电控制、照明控制、安防监控、情景模式、远程控制、定时控制等功能。智能家居主要包括以下几种技术。

1. 综合布线技术

智能家居系统在物理层面的实现，必须要依赖结构化的布线网络。该网络作为智能住宅的"神经中枢"，承载着各种功能模块的通信需求。通过综合布线技术，可以实现以下功能层。

（1）宽带接入层：提供互联网高速通道。

（2）家庭通讯层：支持语音、视频传输。

（3）局域网络层：构建设备互联基座。

（4）安全监控层：保障居住空间安全。

（5）影音娱乐层：打造沉浸式体验场景。

2. 网络通信技术

网络通信技术是实现智能设备之间互联互通的关键技术。它是指利用计算机、通信网络和网络设备对语音、数据、图像等信息进行采集、存储、处理和传输，使信息资源共享的技术。

按通信方式标准，可将网络通信技术划分为有线通信技术（如以太网、电力线通信）和无线通信技术。其中，无线通信技术种类繁多。已经成功应用于智能家居领域的无线通信技术主要包括射频（Radio Frequency，RF）技术、HomeRF 协议、Zigbee 标准、Z-Wave 标准、Z-world 标准、Matter 协议等。无线通信技术方案的核心优势在于省去了线缆部署的环节。通过灵活的安装方式和可扩展的架构，无线通信技术既能满足新装用户的规划需求，也能为已装修环境提供便捷的升级方案，真正实现"即装即用、按需调整"的部署效果。

3. 安全防范技术

安全防范技术是智能家居系统中不可或缺的一部分，广泛应用于小区及家庭的可视对讲、家庭监控、家庭防盗报警、小区一卡通等领域。智能家居的安全防范技术主要涵盖设备保护、数据安全和用户隐私等方面，通过定期更新设备系统来修复已知漏洞，使用强密码和双重验证等安全手段确保只有授权用户能够访问设备和系统，从而有效提升智能家居安全性。

4. 自动控制技术

自动控制技术是智能家居系统的关键组成部分，常用于智能家居控制中心及家居设备的自动控制模块。它对家庭能源的科学管理、家居设备的日程管理具有重要意义，能够显著提高家庭环境的便捷性和运行效率，使生活更加舒适和高效。

5. 音频、视频技术

音频、视频技术是实现家庭环境舒适性、艺术性的重要技术，主要用于音频、视频集中分配、背景音乐、家庭影院等方面。

知识点 3　智能家居的应用

1. 智能家居系统组成

智能家居系统的组成可分为软件系统和硬件设备。

软件系统是实现智能化的核心所在。根据所在位置的不同，智能家居的软件一般分为嵌入式软件、终端应用软件、服务器端软件三部分。

嵌入式软件通常包括智能网关、智能面板、智能门锁、红外转发器等设备的底层控制程序，通常使用 C 语言编写实现；终端应用软件由厂商提供，如 iPhone 的应用软件需要在 App Store 上下载。服务器端软件包括数据库、后台程序以及前台管理系统。

智能家居的主要硬件设备包括智能网关、路由器、家庭网络、传感器、探测器、红外转发器、智能控制面板、智能手机等。

（1）智能网关

智能网关也称为控制主机，是智能家居的重要硬件之一，是家庭网络和外界网络之间沟通的桥梁。智能网关相当于智能家居的"指挥部"，所有输入设备通过室外互联网、GSM 网络或室内无线网络接入控制主机，所有输出设备的操作指令也由其通过室内无线网络发出，或者通过互联网或全球移动通信系统网络将家庭安防信息发送到远程终端设备。

（2）路由器

路由器是连接多个网络的硬件设备，在网络之间承担网关的功能，它能够根据信道的实际情况自动选择和设定路由，并以最佳路径按顺序发送信号。路由器是互联网的重要枢纽设备。

（3）家庭网络

家庭网络是在家庭范围内（可扩展至邻居、小区）将计算机、通信设备、家用电器、安防系统、照明控制系统和广域网连接的一种网络。

（4）传感器与探测器

传感器与探测器是智能家居系统的重要组成部分。它们能够感知和收集环境信息，通过数据处理和分析，实现家居设备的智能化控制。常见的传感器包括温/湿度一体化传感器、光照传感器、空气质量传感器、人体感应传感器、烟雾传感器、门窗传感器、水浸传感器、声音传感器、重力传感器和智能门禁传感器等。这些传感器协同工作，构成了智能家居系统的感知网络。

（5）智能控制面板

智能控制面板包括开关面板与插座面板等。智能灯光面板是常见的智能控制面板，它主要用于实现智能灯光的开关控制和亮度调节。在智能家居系统中，可通过移动终端或遥控器对电器（如电热水器、电饭煲等）进行远程操作。

（6）红外转发器

红外转发器是一种对红外家电设备（如空调、电视、机顶盒、DVD 播放器、家庭影院套装等）进行无线操作的智能控制器。ZigBee 主机可以通过 ZigBee 信号转发已学习的红外码，用户可借助智能终端通过客户端轻松控制红外家电设备。

（7）智能手机

在智能家居系统中，可将智能手机与智能网关绑定，使智能手机能够控制智能家居中的所有设备。

2. 智能家居系统的应用场景

通过综合运用物联网、云计算和人工智能等技术，智能家居系统可以实现对家居设施的一体化集成控制，并完成用户与场景的交互，提升用户的生活品质。智能家居系统的核心价值在于该系统具备环境感知、智能决策、自动控制和即时响应等智能特征。

当前，智能家居系统技术已经广泛应用于住宅、酒店、商业楼宇等领域。智能家居系统集成了设备控制、安防、能源监测、环境监控等功能，并根据住宅不同的功能划分为安全防护、能源管理、健康管理、便捷生活、娱乐休闲等场景。

（1）安全防护场景

智能家居系统可以通过监控摄像头、门磁传感器、烟雾报警器等设备实现安全防护功能。系统中包含的智能门锁、智能猫眼、智能门铃等设备，可以在监测到主人回家时，自动开门。当检测到可疑人员时，系统可以自动向家庭成员推送警报信息，并支持通过手机应用远程观看家中的情况。此外，当烟雾报警器检测到烟雾时，系统可以自动关闭空调、打开门窗，防止火灾蔓延，并向用户发送报警信息。

（2）能源管理场景

智能家居系统可以通过智能电表、智能插座等设备，对家庭的能源使用情况进行实时监测和管理。例如，当甲醛传感器检测到轻度甲醛时，系统会建议开启新风系统。用户可通过手机打开家里的智能空气净化器。根据家庭的用电习惯，系统可以智能调节空调、热水器等设备的使用时间，实现节能降耗。

（3）健康管理场景

智能家居系统可以通过健康信息监测设备（如生物传感器、智能医疗设备等），实现对家庭成员健康状况的监测和管理。健康信息监测设备可测量心电、血氧、血压等生理指标，持续采集用户身体健康信息。此外，系统可连接智能体重秤、血糖仪等设备，将健康数据同步至云端，便于后续的分析和管理。智能床垫内置传感器，可以监测睡眠质量、心率等指标，并将数据传输至手机应用程序，帮助用户了解自己的睡眠状况。

（4）便捷生活场景

智能家居系统可以通过智能门锁、智能灯光控制器等设备提升生活便利性。例如，智能门锁可以按照用户需求自动解锁；智能窗帘、智能照明能根据用户的喜好和习惯，自动调节室内光线亮度和窗帘开合状态，营造舒适的居住环境。

（5）娱乐休闲场景

智能家居系统可以通过音频、视频设备提供娱乐休闲功能。例如，全景声家庭影院可以播放音乐；智能电视可以通过遥控器或手机应用程序进行远程控制。

知识点 4　未来展望

随着智能家居技术的发展，越来越多的家庭开始使用智能化系统和设备。智能家居旨在提供更高效、更舒适、更安全和更环保的生活环境，其未来趋势主要体现在四个方面：感知智能化、业务融合化、终端集约化、接入无线化。

在智能家居环境中，与人类活动密切相关的研究领域主要包括多模态人机交互、以人为本的场景设计、智能计算等。如何平衡用户体验、设计方案和伦理问题，是相关领域长期面临的挑战。

在多模态人机交互研究中，基于单模态的交互方式在某些特定场景下无法提供最佳的用户体验。未来的重点在于如何利用多模态通道提高人机交互能力和用户体验。例如，通过统一的交互平台，不同品牌的产品、不同的控制传输协议可以实现互联互通。用户将能够通过自然语言与设备进行互动，从而提升控制的便利性。

随着新兴技术的不断发展和新一代智能设备的推广，人类在智能家居环境中的需求日益增多，衍生的新型智能家居场景愈发复杂。智能家居通过交互平台实现各子系统的协同运行，各子系统（如楼宇对讲、家庭报警、各种电器控制、门禁系统以及家庭娱乐等）在脱离平台时能够独立运作。交互平台能够采集各子系统的运行数据，并通过自适应处理机制优化运行效率。

另外，随着网络攻击和数据隐私问题的日益严重，智能家居设备的安全性也将成为人们关注的焦点。未来的设备将配备更强大的加密技术和安全防护技术，以保护用户的数据隐私。

学习任务3 智慧出行

扩展阅读

2024 年 6 月，绵阳市迎来了一场智能交通的革新——首批自动驾驶车辆示范运营正式启动测试。19 辆无人驾驶公交车，如图 5-4 所示，从科技城新区创新中心依次驶出，平稳地驶向各自的试运营线路。这一举措标志着绵阳市在智能交通领域迈出了重要的一步。

19 辆无人驾驶公交车将在 4 条试运营线路上进行测试。本次测试共设置 54 个站点。这些线路包括连接产业园区的"产业线"和串联商圈、社区的"便民线"，供市民体验。所有 19 辆无人驾驶公交车均配备经验丰富的安全员，以确保乘客安全。

除了 19 辆无人驾驶公交车外，还有 12 辆无人配送车、6 辆无人零售车、4 辆无人清扫车、2 辆无人巡逻车和 2 辆无人乘用车参与了首批开启示范运营测试。

图 5-4 无人驾驶公交车

知识点1 概述

1. 概念

智慧出行，也称为智能交通，是借助移动互联网、云计算、大数据、物联网等先进技术，将传统交通运输业和互联网进行有效融合，形成"线上资源合理分配，线下高效优质运行"的新型交通模式。

随着这些技术在公共交通领域的应用，人们的出行越来越方便。大数据分析平台对采集的多维度、高价值数据进行整合、分析和处理，结合驾乘人员在不同场景的需求，为公众提供覆盖出行前、出行中、出行后的全周期、全方位的伴随式出行信息服务。道路管理人员通过平台的各类子系统控制信息，发布规则和内容，并通过导航 App、路侧情报板和小程序等方式，实现可视化、可听化和可感知的信息服务。

2. 智慧交通系统的组成

随着社会经济和科技的快速发展，城市化进程不断加快，机动车数量迅速增加，城市出现了交通拥堵、交通事故频发、交通管理困难、环境污染、能源短缺等问题。为了缓解这些问题，智慧交通系统应运而生，将交通基础设施、交通工具和交通参与者进行整合，利用信息技术、数据通信传输技术、电子传感技术、卫星导航与定位技术、控制技术、计算机技术等多项高新技术，建立人、车、路、环境之间的新型交互关系，形成了一种新的交通管理模式。

2010 年，国际商业机器公司（IBM）提出"智慧城市"愿景，其中智慧交通系统被认为是智慧城市的核心系统之一。新一代智慧交通系统包含四大核心要素：人、车、路和环境。具体表现为智慧出行服务、智能网联汽车、智能网联设施以及智能车路协同推演平台。智慧交通系统是在高新技术基础上，通过全面感知、协同互联和高效服务，实现人、车、路、环境四要素的智能化整合，形成具有自主判断和创新能力的综合交通运输系统。

图 5-5 是基于以需求为导向的 MaaS（Mobility as a Service，出行即服务）体系实现的新一代智慧交通系统架构。

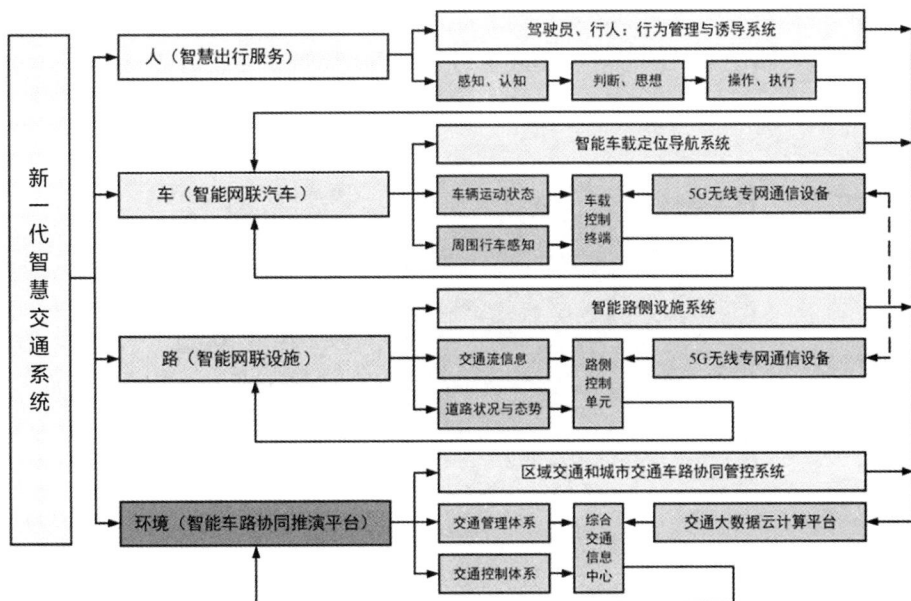

图 5-5　新一代智慧交通系统架构

MaaS 是指通过电子交互界面获取和管理交通的相关服务，可以满足消费者的出行需求。其构建基础包括交通服务提供商、汽车制造商、政府以及其他相关方。通过有效整合这一体系，可以共享整个城市交通资源，为居民提供安全、舒适、便捷的出行服务。

3. 智慧出行的特点

智慧出行旨在利用人工智能技术提升和优化人们的出行体验，提高交通系统的效率和安全性，并创造新的出行模式和服务，其特点主要包括以下几个方面。

（1）技术融合与创新

智慧出行深度融合了移动互联网、云计算、大数据、物联网等先进技术，实现了传统交通运输业与互联网的有机结合。这种技术融合不仅推动了交通行业的数字化转型，还催生了网约车、共享单车等新业态，为公众出行提供了更多选择。

（2）实时感知与自适应调度

智慧出行系统通过卫星定位、蜂窝无线通信技术、高性能计算、地理信息系统等技术，实现对城市、城际道路交通系统状态的实时感知。系统能够准确、全面地收集交通路况信息，并通过智能调度算法优化交通流，减少拥堵，提高道路通行效率。例如，智能信号灯控制系统可以根据实时交通数据动态调整信号灯的配时，从而减少车辆等待时间。

（3）个性化与便捷化服务

智慧出行致力于为公众提供个性化且便捷的出行服务。通过收集和分析用户的出行数据，系统能够为用户量身定制个性化出行方案，如图 5-6 所示，包括路线规划、交通方式选择等内容。同时，智慧出行还支持多种支付方式，例如，移动支付、无感支付等，极大地方便用户支付交通费用。此外，智慧出行还提供实时交通信息服务，通过手机导航、路侧电子显示屏、交通电台等渠道，将准确且及时的交通路况信息传递给公众。

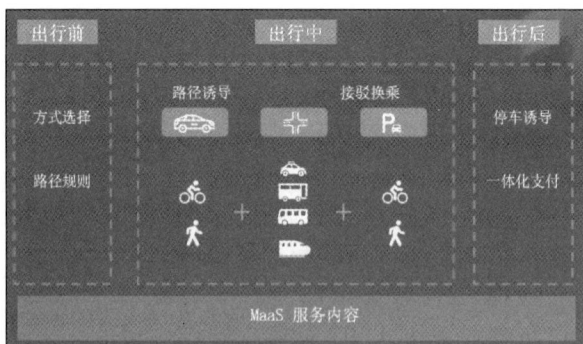

图 5-6　个性化出行方案

（4）高效性与安全性

智慧出行通过优化交通资源配置和交通流管理，显著提升交通系统的运行效率。同时，智慧出行还着力提高交通安全性，通过先进的监控和预警系统有效降低交通事故发生频率。智慧出行系统能够实时监测交通流量和车辆运行状态，并对异常情况进行处理，从而减少交通拥堵和交通事故对出行的影响。

（5）环保与可持续发展

智慧出行倡导绿色出行理念，鼓励公众选择公共交通、骑行和步行等低碳出行方式。智慧出行有助于降低汽车尾气排放和能源消耗，改善空气质量。此外，智慧出行通过技术创新和模式创新，为交通行业转型升级提供有力支持，推动交通行业的可持续发展。

知识点 2　核心技术

智慧出行的核心技术种类多样，这些技术共同支撑起智慧、高效、安全的出行体验。

1. 自动驾驶技术

自动驾驶技术是智慧出行的核心技术之一。它利用传感器（如激光雷达、毫米波雷达、摄像头等）、高精度地图、人工智能算法，使车辆能够实时感知和理解周围环境，包括道路、车辆、行人等。在获取环境数据后，自动驾驶系统会进行复杂的决策和控制计算，包括路径规划、障碍物避让、速度控制等。这些计算的实现通常需要借助强大的算法和算力支持。

2. 大数据技术与云计算技术

大数据技术和云计算技术在智慧出行中发挥着重要作用。智慧出行系统会产生大量数据，包括车辆状态数据、行驶轨迹数据、乘客行为数据等。通过对海量交通数据的收集、处理和分析，智慧出行系统可以实时掌握交通状况，预测交通趋势，为用户提供精准的交通信息和路线规划，从而提升用户的出行体验。

云计算技术为智慧出行提供了强大的计算和存储能力，通过将部分计算和存储任务迁移到云端，可以降低车载设备的负载和成本，同时提高智慧出行系统的灵活性和可扩展性。

3. 车载智能系统

车载智能系统包括了搭载的人工智能芯片以及智能座舱技术等。

高性能的车载人工智能芯片是智慧出行的计算单元。这些芯片能够处理复杂的感知、决策和控制任务。随着技术的发展，这些芯片的计算能力持续提升，可以支持更高级别的自动驾驶功能。

智能座舱技术是智慧出行的重要组成部分。它通过智能化的座舱系统，为乘客提供更加舒适、便捷的出行体验。例如，智能座舱可以根据乘客的需求自动调节座椅、空调、音响等设备。同时，它还可以与智能手机等设备互联，实现导航、娱乐等功能的无缝切换。HarmonyOS 智能座舱，如图 5-7 所示，凭借简洁的交互方式、流畅的操作体验以及丰富的应用生态，大幅提升了出行的舒适性和便利性。

图 5-7　华为 HarmonyOS 智能座舱

4. 车联网技术

车联网技术是智慧出行的关键组成部分，它能够实现车辆与车辆、车辆与道路基础设施之间的通信。通过车联网技术，车辆可以实时获取路况信息、交通信号、停车位等数据，从而优化行驶路线，提高出行效率。此外，车联网技术还可以实现车辆与智慧城市的无缝对接，为智慧出行提供全面的信息支持。

车路协同系统通过整合车辆和道路基础设施的数据，实现更加智能的交通管理。例如，智能交通信号控制系统可以根据实时交通流量调整信号灯配时，减少拥堵和等待时间。

5. 高精度地图与定位技术

高精度地图是自动驾驶系统不可或缺的基础设施之一。它提供了详细的道路信息、交通标志、障碍物位置等数据，为自动驾驶系统提供精确的导航和定位支持。

另外，为了实现精准的定位和导航，自动驾驶系统还需要采用多种定位系统，包括全球定位系统（GPS，Global Positioning System）和惯性导航系统（INS，Inertial Navigation System）等。全球定位系统提供绝对位置信息，惯性导航系统提供相对位置信息，这些系统相互配合，可以提高定位的准确性和可靠性。

知识点 3　智慧出行的应用

随着人工智能、5G、物联网等技术的深度融合，智慧出行正在重塑全球交通生态，推动交通系统向低碳化、智能化、高效化、安全化的方向发展。当前，智慧出行的核心应用场景可从技术赋能与模式创新两个维度，主要包括以下六个方向：车路云一体化系统、自动驾驶技术体系、智能座舱、智慧交通管理平台、移动出行和低空经济。这些应用场景通过技术创新与跨领域协同，共同构建起未来出行的智能化体系。

1. 车路云一体化系统

车路云一体化系统是在车路协同技术基础上，融合云计算能力形成的高级智能交通生态系统。该系统通过车载终端、路侧智能设备与云端平台的实时数据交互，构建"人—车—路—云"协同网络。其中，云端平台作为核心枢纽，负责算力支撑、数据分析和全局资源统筹。通过整合车辆运行数据和道路环境信息，系统可实现交通态势实时感知、信号灯动态配时、高危场景预警等功能，为自动驾驶系统提供决策支持。这种"云—端协同"模式降低了对单车高成本传感器的依赖，减少基础设施改造成本，推动智能交通规模化应用。

近年来，车路云一体化发展迅速。在产业方面，工业和信息化部等五部委公布了智能网联汽车车路云一体化 20 个城市（联合体）应用试点名单，标志着车路云一体化进入规模化落地发展新阶段，产业也将进入快速发展期。例如，截至 2023 年年末，嘉定已建成 287 个智慧路口、230 公里车路协同环境，构建 IPv6+智能网联、智慧交通和智慧城市多元业务承载网络，布设人工智能摄像机 981 套、激光及毫米波雷达 875 套、路侧控制单元及路侧交通数据处理单元等 532 套网联设施，部署 5G 基站 4370 个、北斗定位基站 15 个、5G 专网及全光专网等通信设施，实现嘉定全域 463 平方公里全覆盖，保障车—路—云高效协同。广州高新兴科技集团股份有限公司与如祺出行联合研发的 5G 智能网联车载终端，应用在如祺出行网约车上，实现车—路—云实时通信，与出行平台司机端应用 App 联动，通过 App 提前提醒前方道路交通状况，提供前向碰撞预警、盲区变道预警、逆向超车预警等 16 种预警提示，大幅提升了车辆风险规避能力。

2. 自动驾驶技术体系

自动驾驶技术体系涵盖从 L2 级辅助驾驶到 L4 级全自动驾驶的技术，通过激光雷达、毫米波雷达与视觉感知系统的融合方案，实现自动泊车、自适应巡航、全场景代客泊车等功能。目前，L2 级辅助驾驶技术已成为市场主流配置，搭载率持续上升。

NOA（Navigate on Autopilot，自动导航辅助驾驶）是中国智能汽车领域的一项重要技术。该技术让车辆在导航模式下，可以辅助完成从 A 点到 B 点的驾驶过程，包括自动上/下匝道、辅助变道超车等功能。通过车联网技术实现车辆间的协同，NOA 技术能够提升道路通行效率，减少交通拥堵。目前，高速公路自动导航辅助驾驶（高速 NOA）技术已相对成熟，在多个车型上得到应用。城市自动导航辅助驾驶（城市 NOA）是当前自动驾驶领域的研究热点，由于需要应对更复杂的交通环境和路况，其技术实现更具挑战性。随着技术进步和应用场景拓展，NOA 技术将进一步提升驾驶的便捷性和安全性，在未来汽车产业中发挥更重要的作用。

3. 智能座舱

智能座舱是指集成了人工智能、互联网和先进硬件技术的车载系统，旨在为驾乘人员提供更智能、便捷、安全和舒适的体验。它通过人机交互、娱乐系统、导航系统、安全驾驶辅助等功能，将传统的汽车座舱转变为一个集移动出行、信息娱乐和生活服务于一体的智能空间。智能座舱和智能驾驶是智能汽车的两大核心组成部分。智能座舱主要关注车内空间的信息交互和娱乐体验，而智能驾驶则主要关注车辆的自动驾驶能力。两者相互配合，共同提升智能汽车的整体智能化水平。

4. 智慧交通管理平台

智慧交通管理平台通过深度融合人工智能技术与城市级交通大数据平台（如阿里云城市大脑），运用数字孪生技术实现交通流模拟、拥堵预测、应急调度等功能。

人工智能技术的广泛应用显著增强了智慧交通管理平台在感知、互联、分析、预测和控制等方面的能力。深度学习技术使平台能够更精确地识别交通环境中的各类元素，实现交通状况的实时全面监控。此外，人工智能技术在交通数据处理与分析领域已取得显著成果，能高效筛选整合信息，并通过数据挖掘和模式识别，为交通管理部门提供科学的决策支持，如预测交通流量、规划最优路径和调整信号灯配时等，进而提升城市交通效率，保障行车安全，优化居民出行体验。

5. 移动出行

移动出行将传统交通运输业与互联网技术相结合，构建了线上线下资源高效协同的新模式。人工智能技术在移动出行领域得到广泛应用。例如，利用人工智能技术可以定制个性化旅行计划，为用户提供专属出游方案。智能导航能够为用户提供便捷的路线规划服务，并根据其兴趣推荐沿途景点和餐馆。人工智能技术在安全保障方面也发挥重要作用，通过实时监控和数据分析进行风险预警，确保用户安全。智能客户服务能全天候响应用户咨询，并提供优质服务推荐。此外，网约车、共享单车、定制公交等新业态重构出行生态，如滴滴出行平台通过动态定价算法优化供需匹配，哈啰出行的"云端智能锁+电子围栏"技术提升了车辆调度效率。聚合平台模式进一步提升了出行资源配置效率。这些应用为移动出行带来了更强的安全保障和更个性化的服务体验。

6. 低空经济

低空经济是指以低空空域为依托，以各种有人驾驶和无人驾驶航空器为主要载体，提供多种类型服务的新兴经济形态。它涵盖了从航空器研发制造、基础设施建设、飞行服务保障，到物流配送、城市空中交通、应急救援等领域。

低空经济关联一、二、三产业，因其产业链条长、辐射面广、成长性和带动性强等特点，使其成为继数字经济后又一新兴经济形态，也是培育发展新动能的重要方向。赛迪研究院发布的《中国低空经济发展研究报告（2024）》预测，中国低空经济市场规模将持续扩大，预计到 2026 年有望达到万亿元，市场潜力巨大。2023 年我国无人机行业总产值突破 1520 亿元。目前，全国无人机生产厂家超过 2200 家，广东、江苏、北京、山东、浙江、上海等地已构建起一套较为完整的无人机研发、制造、销售和服务体系，涌现出多家头部企业，集聚效应初步显现。一些省份通过开展低空经济示范区建设，加强政策引导，加大基础设施建设，积极制定企业培育和产业规划，形成了各具特色的低空经济发展模式。

eVTOL（Electric Vertical Takeoff and Landing，电动垂直起降飞行器），如

图 5-8 所示，是未来空中交通产业的一个重要细分领域。相比传统直升机，载人 eVTOL 具有纯电驱动、噪声低、性价比高、低成本、易维护、更安全、更环保等优点，被视为低空经济的核心。

图 5-8　eVTOL

知识点 4　未来展望

1. 自动驾驶技术将继续得到研发和优化，逐步实现更高级别的自动化

随着人工智能技术的深入应用，高度自动化的驾驶系统将逐步落地，为日常出行带来革命性变化。L4 或 L5 级别的全自动驾驶车辆，将随着技术进步进入实际应用，显著提升出行安全与效率。在未来智能交通网络中，自动驾驶车辆将在车—路—云协同的技术融合中，实现车辆与基础设施间的实时数据交互，优化路线选择，缓解交通压力，并提供更个性化、高效的出行服务。这一趋势预示着一个智能、便捷、安全的出行新时代即将到来。自动驾驶有望成为未来主流的出行方式，并深刻改变人们的生活。

2. 全面整合数据与资源，数字孪生技术将开启智慧交通的全新时代

随着人工智能技术的不断发展，以智能交通管理系统为核心的智慧交通正迎来新的发展阶段。通过全面整合传感器、摄像头、车辆及用户设备产生的多源数据，并与城市规划、公共交通等部门实现高效的信息共享与协同，智慧交通将显著提升交通流量管理和路况预测的精准度。数字孪生技术为智慧交通的发展带来了新的突破和可能性。作为现实交通的数字化映射，数字孪生技术能够提供高度逼真的模拟环境，助力交通管理部门进行多样化交通情景的模拟。在规划新道路或交通枢纽时，可利用数字孪生技术评估不同设计方案对交通流量的潜在影响，从而选出最优方案。在运营过程中，通过实时数据更新，数字孪生技术能够迅速捕捉实际交通状况的变化，为交通管理部门提供实时反馈信息，以便及时调整策略。此外，在自然灾害或交通事故发生等需要应急响应的情况下，利用数字孪生技术可以迅速识别受影响的路段和交通节点，为救援和疏散工作提供重要的信息支持，从而最大限度地降低损失。

3. 低空经济市场"蓄势待发"，预计基建先行，制造与运营齐头并进

随着技术的不断进步和政策的逐步放开，低空经济市场发展势头良好。在这一过程中，基础设施建设将发挥先导作用，为低空飞行提供必要的起降场地、通信系统和导航设施，确保其安全和效率。同时，飞行器研发制造业也将迎来重要机遇。随着低空飞行需求的增加，研发制造高质量、高性能的飞行器成为关键环节。企业应致力于技术创新，满足市场需求，政府的政策支持和资金扶持也将助力产业的蓬勃发展。此外，专业的运营服务（如提供全方位的飞行服务、维修保养和技术培训）将提升用户体验，并推动低空经济的持续发展。

学习任务 4　智慧医疗

近年来，我国密切关注健康医疗领域的发展，发布了《"健康中国 2030"规划纲要》《"十四五"全民医疗保障规划》等一系列相关政策，把健康医疗提升到了国家战略层面。随着"人工智能+"行动的开展，医疗健康领域迎来了更多的突破。

知识点 1　概述

1. 概念

智慧医疗是近年来兴起的医疗领域概念，指的是将新一代信息技术（如人工智能、物联网、大数据等）应用于医疗健康行业的新兴模式。它以患者的就诊信息及电子健康档案为核心，旨在通过信息化手段提高医疗服务的质量和效率，促进患者及其家属、医务人员、医疗机构、卫生健康行政部门之间的高效信息互动。

智慧医疗主要由三部分组成，分别是智慧医院系统、区域卫生系统以及家庭健康系统，如图 5-9 所示。

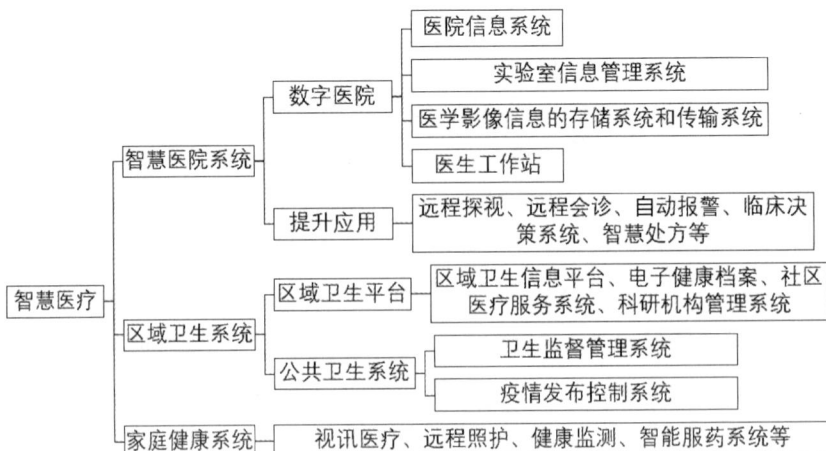

图 5-9　智慧医疗

　　智慧医院系统由数字医院和提升应用两部分组成。数字医院包括医院信息系统、实验室信息管理系统、医学影像信息的存储系统和传输系统以及医生工作站等，实现病人诊疗信息和行政管理信息的收集、存储、处理、提取及数据交换。提升应用则包括远程图像传输、大量数据计算处理等技术在数字医院建设过程中的应用，如远程探视、远程会诊、自动报警、临床决策系统、智慧处方等，旨在提升医疗服务水平。

　　区域卫生系统由区域卫生平台和公共卫生系统两部分组成。区域卫生平台旨在收集和处理以及传输社区、医院、医疗科研机构、卫生监管部门记录的所有信息，并帮助医疗单位及相关组织开展疾病危险度评估，制订以个人为基础的危险因素干预计划，减少医疗费用支出，以及建立预防和控制疾病发生和发展的电子健康档案。例如，社区医疗服务系统提供一般疾病的基本治疗、慢性病的社区护理、大病向上转诊以及承接康复转诊的服务。科研机构管理系统对医学院、药品研究所、中医研究院等医疗卫生机构的病理研究、药品与设备开发、临床试验等信息进行综合管理。公共卫生系统则包括卫生监督管理系统和疫情发布控制系统。

　　家庭健康系统是最贴近市民的健康保障，包括针对行动不便、无法送往医院救治病患的视讯医疗，对慢性病以及老幼病患的远程照护，对特殊人群的健康监测，还包括自动提示用药时间、服用禁忌、剩余药量等功能的智能服药系统，旨在为患者提供更加便捷和个性化的健康管理服务。

2. 特点

　　智慧医疗具有以下特点。

　　（1）互联

　　经授权的医生能够随时查阅患者的病历、病史、治疗措施等信息，患者也可以自主选择更换医生或医院。

　　（2）协作

　　将信息仓库转化为可共享的记录，整合并共享医疗信息和数据，以构建综合且专业的医疗网络。

　　（3）预防

　　实时感知、处理和分析重大医疗事件，从而快速有效地做出响应。

　　（4）普及

　　实现乡镇医院、社区医院与中心医院的无缝连接，以便实时获取专家建议、安排转诊和接受培训。

　　（5）创新

　　提升知识和流程处理能力，进一步推动临床创新和研究。

　　（6）可靠

　　帮助医生搜索、分析和引用大量科学证据，以支持诊断决策。

知识点 2　核心技术

随着科技的飞速发展，智慧医疗作为医疗健康领域的重要创新方向，正逐步改变人们的就医体验与健康管理方式。智慧医疗通过整合物联网、大数据、云计算、人工智能、远程医疗、区块链、生物识别、虚拟现实以及智能设备等前沿技术，实现了医疗服务的智能化、精准化、高效化和个性化。

1. 物联网

物联网是智慧医疗的基础支撑的技术。通过部署各种传感器、射频识别标签、智能监测仪器、可穿戴设备等，物联网能够实时采集患者的生理数据（如心率、血压、血糖等）、医疗设备的运行状态以及医院环境的相关参数。这些数据利用无线通信技术实时传输到云端或医疗机构，确保数据的及时性和准确性。通过处理与分析数据后，智慧医疗系统可以为医生提供连续、全面的患者健康监测报告。医生通过远程监控系统可以实时查看患者数据，进行远程诊疗，同时优化医院的运营管理。

2. 大数据与云计算

大数据与云计算是智慧医疗数据处理与分析的核心。智慧医疗系统通过电子健康记录、可穿戴设备、医疗传感器等途径，采集大量患者的健康数据，并利用云计算和分布式数据库技术安全地存储和管理这些数据。借助数据挖掘和机器学习算法，智慧医疗系统可以对收集的数据进行深入分析，提取有价值的信息，以支持临床决策。

云计算为医疗领域提供了强大的数据存储与计算能力，使医疗机构能够灵活、高效地管理数据资源，支持大规模的并发访问，显著加速数据分析与应用开发，促进医疗资源的优化配置与共享。

3. 人工智能

人工智能在医疗诊断领域的应用日益广泛。基于深度学习、机器学习技术的智慧医疗系统能够分析医学影像、病理切片，辅助医生进行疾病筛查、诊断与分期。此外，人工智能还能利用自然语言处理技术解析病历和医学文献，为医生提供精准的治疗建议和方案，显著提高医疗决策的准确性。与此同时，人工智能在药物研发、个性化治疗方案制定等方面也展现出巨大潜力。

4. 远程医疗平台

远程医疗平台利用互联网技术突破地域限制，实现优质医疗资源的跨地域共享。患者可以通过视频咨询、在线问诊等方式与远方的医疗专家实时交流，获得专业的医疗建议。对于生活在偏远地区或行动不便的患者而言，远程医疗平台显著提高了就医的便利性和可及性。同时，平台还具有远程手术指导、电子病历共享等功能，进一步促进了医疗服务的连续性和协同性。

5. 区块链

区块链具有去中心化、不可篡改的特点，为医疗数据安全提供了创新的解决方案。在智慧医疗领域中，区块链可以用于存储患者的敏感信息、药品追溯记录以及临床试验数据，确保数据的真实性与完整性。通过智能合约，区块链还能够自动执行医疗流程中的特定规则，提高业务处理效率与透明度。

6. 生物识别

生物识别通过利用人体的生物特征（如指纹识别、面部识别、虹膜扫描等）进行身份验证。在智慧医疗领域中，生物识别不仅能够简化患者就医流程（如快速挂号、支付），还有效提升了医疗信息的安全性，防止未经授权的访问。此外，结合可穿戴设备，生物识别还可以实时监测患者的生理状态，及时预警潜在的健康风险。

7. 虚拟现实

虚拟现实在医疗教育、手术模拟、康复训练等领域展现出巨大潜力。通过构建逼真的虚拟环境，虚拟现实能够帮助医学生更深入地理解和掌握复杂的医学知识，同时提升操作技能。此外，虚拟现实还可以为康复患者提供个性化训练方案，显著增强治疗的效果与体验。

8. 智能设备集成

智能设备集成是智慧医疗实现全面智能化的关键。从智能病床、智能药柜到机器人护士、手术机器人，各类智能设备通过物联网技术相互连接，形成智能医疗生态系统。这些设备不仅能够自动执行医嘱，还可以实时监测患者状态并优化护理流程，从而极大提升医疗服务的质量与效率。

知识点 3 智慧医疗的应用

随着科技的飞速发展，智慧医疗作为医疗健康领域的重要发展方向，正以前所未有的速度改变我们的就医体验和健康管理方式。下面将从智慧医院建设、辅助诊疗、医疗设备、药物研发、智能健康管理等五个方面，全面探讨智慧医疗的应用实践。

1. 智慧医院建设

智慧医院是智慧医疗的重要载体，如图 5-10 所示，通过数字化、智能化手段，对医院的运营流程进行全面优化。智慧医院的建设涵盖智能导诊、电子病历、自助服务终端、物联网医疗设备等多个方面，旨在提升医院的工作效率，改善患者的就医体验。通过集成各类信息系统，智慧医院能够实现医疗数据的互联互通，为临床决策、科研教学提供有力支持。

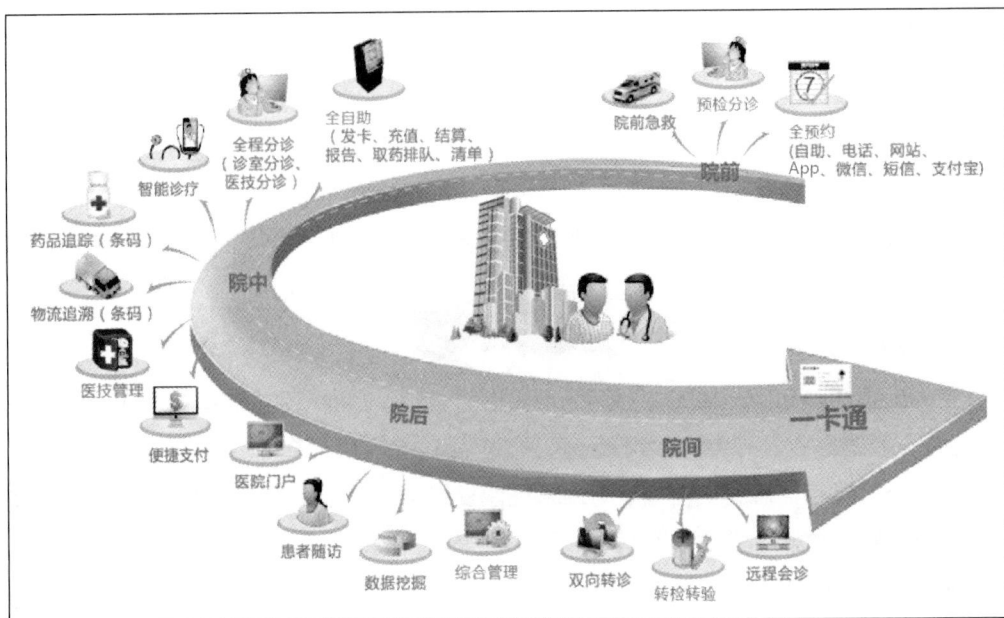

图 5-10　智慧医院

2. 辅助诊疗

辅助诊疗通过应用机器学习、深度学习等技术，对大量医疗数据进行处理和分析，不仅能够快速、准确地诊断疾病，还可以预测疾病的发展趋势，为患者提供个性化的预防和治疗方案，从而提高诊断的效率和准确性。例如，相关研究人员开发了一种能够根据磁共振成像，结合患者的年龄、性别和精神状态检查评分等多模态输入，描绘阿尔茨海默病的特征的深度学习模型。该模型能够针对个体生成精确、直观的可视化阿尔茨海默病风险图。

3. 医疗设备

在医疗设备领域中，智能医疗咨询机器人、智能医疗影像设备、智能医疗机器人、远程医疗设备等设备的研发，推动了精准医疗的发展。

智能医疗咨询机器人能够提供 24 小时不间断的在线咨询服务，解答患者关于疾病的疑问，缓解医院前台的工作压力，提高患者的满意度。智能导诊系统能够根据患者的症状描述，推荐合适的科室和医生，从而减少患者挂号时的盲目性。

智能医疗影像设备，如智能 CT、智能 MRI 等，能够自动识别和分析影像资料，标记疑似病灶，为医生提供精准的诊断依据。通过深度学习等算法，医学影像诊断系统可以自动识别病灶、测量病变大小、评估病情进展等，大幅提高诊断的准确性和效率。智能影像诊断系统在肺癌早期筛查中表现卓越，能够识别微小的肺结节，其准确率超过 90%，显著提高了肺癌的早期发现率。此外，医学影像诊断系统还能实现跨医院、跨地区的影像共享和远程会诊，促进医疗资源的优化配置。

智能医疗机器人是智慧医疗的重要组成部分，它们可以执行手术、护理、康复等多种任务。如图 5-11 所示，手术机器人可以结合高精度传感器、机械臂和人工智能算法，辅助医生完成复杂精细的手术操作，减少手术创伤和并发症。护理机器人，如图 5-12 所示，可以为患者提供全天候的护理服务，包括饮食管理、康复训练等方面的照顾。此外，护理机器人还能够根据患者的需求制定个性化护理方案，并通过语音交互、触摸屏等方式与患者进行沟通，提高护理效率和质量。

图 5-11　手术机器人 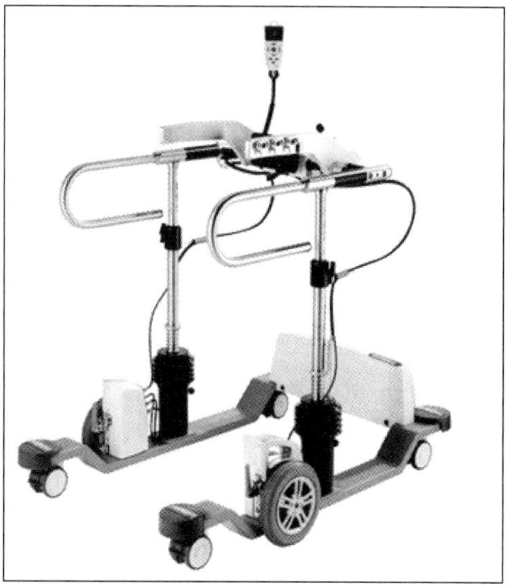　　　　　图 5-12　护理机器人

远程医疗设备，如远程会诊系统、远程监护系统，使患者无需前往医院即可接受专家的诊疗服务。这些设备通过互联网实现医患之间的远程交流，显著缩短诊疗时间，降低诊疗成本，提高医疗服务的可及性。

4. 药物研发

智能药物研发是智慧医疗在药物创新领域的重要应用。人工智能在药物研发领域的应用为新药的发现和开发提供了强大的技术支持。

在药物研发领域中，人工智能技术已经应用于靶点发现、化合物合成和筛选、晶型预测、机制探索、受试人群选择、药物警戒等多个环节。通过结合机器人技术和基因靶点、药物代谢动力学等模型，人工智能技术正将药物研发从传统的劳动密集型过程逐步转变为资本和数据密集型过程，有效降低研发成本并加速研发进程。

在靶点发现环节，利用自然语言处理技术能够高效检索和分析大量文献、专利和非结构化数据，从中识别与疾病相关的潜在蛋白质和基因组，从而快速发现新的机制和靶点。英矽智能科技（上海）有限公司研发了一款名为 PandaOmics 的商业化人工智能生物学软件，在该软件的帮助下，大幅缩短了从靶点发现到候选药物提名的时间周期。

此外，智能药物研发还能够帮助研发人员预测药物的安全性、有效性及潜在副作用，从而提高药物研发的成功率与效率，为人类健康事业作出更大的贡献。

5. 智能健康管理

智能健康管理是智慧医疗在健康管理领域的具体应用，主要通过人工智能技术融合智能穿戴设备和健康管理应用来实现。智能健康管理依托硬件终端设备和软件分析平台，核心功能为帮助个体实时监测和管理自身的健康状况。例如，智能穿戴设备（如智能手环）能够实时监测、记录个体的血压、心率等健康数据，通过算法分析生成健康报告，为个体提供定制化的健康管理方案，实现对健康状况的动态管理和预警。腾宇智远（北京）科技有限公司推出了一款名为"神农万腾"的运动能力评估与康复指导系统。该系统基于多模态大语言模型驱动的数字人技术，能够生成医学健康报告并提供锻炼指导。这一软硬件结合的系统能够优化人体姿态，指导用户进行科学的健康锻炼。

除上述应用场景外，智慧医疗在医疗健康领域的应用还包括医疗支付、医学检验、电子病历等方面。智慧医疗的广泛应用正在深刻改变着传统医疗模式，为医疗行业的未来发展注入了新的活力。随着技术的不断进步和应用场景的持续拓展，智慧医疗将在保障人类健康、提升医疗服务质量方面发挥更加重要的作用。

知识点 4 未来展望

智慧医疗的快速发展和应用已经为健康医疗事业注入巨大动力，其未来发展趋势呈现出多元化、智能化、便捷化以及规范化的特点。

1. 多元化

随着机器学习、深度学习等人工智能技术的不断进步，智慧医疗将更加依赖人工智能技术进行医疗影像分析、辅助诊断、个性化治疗方案推荐等工作，提高医疗服务的精准度和效率。物联网技术将实现医疗设备、患者、医护人员之间的互联互通，进一步提高医疗服务的协同性。同时，大数据技术将在医疗数据的挖掘和分析中发挥关键作用，为医疗决策提供强有力的支持。5G、云计算、区块链等新兴技术也将与智慧医疗深度融合，为医疗服务的智能化、便捷化提供更强有力的技术支撑。5G 技术的高速率和低延迟特性将极大提升远程医疗和急救服务的效率。

2. 智能化

随着技术成熟和互联网普及，远程医疗服务将变得更加便捷和高效。患者可以通过远程医疗平台接受医生的在线诊断和治疗建议，从而有效缓解医疗资源分布不均的问题。智慧医疗系统基于患者的个人情况和病史，提供个性化的治疗方案和用药建议，既能提升治疗效果，又能减少不必要的医疗开支。在辅助诊疗方面，人工智能技术通过智能算法分析患者数据，为医生提供精准的诊断建议和治疗方案。

3. 便捷化

患者可以通过手机应用、网站等渠道进行预约挂号，减少排队等待时间。智慧医疗平台提供在线问诊和咨询服务，患者可以随时随地向医生咨询病情并获得专业建议。电子病历系统的普及将实现医疗信息的互联互通和共享，方便医生了解患者的病史和诊疗情况，提高诊疗效率。

4. 规范化

政府将继续制定相关政策，推动智慧医疗的发展，并出台相应的标准和规范以确保医疗信息的安全性。同时，行业内部也将加强自律和协作，共同推动智慧医疗的规范化发展。随着医疗数据的不断增加和共享，数据安全与隐私保护将成为重要挑战。智慧医疗系统需要建立完善的数据安全体系，加强数据加密、访问控制等安全措施以确保患者数据的安全性和隐私保护。

【学习小结】

人工智能正在逐渐改变我们的生活方式和思维模式。从语音控制到自动化调节，再到数据挖掘和安防系统，智能家居为我们的日常生活带来了前所未有的便捷、舒适和安全。在自动驾驶领域中，人工智能技术正逐步实现车辆的自主导航和驾驶，为未来的交通出行描绘了一幅崭新的蓝图。通过个性化制定出行路线，人工智能不仅提升了出行的便捷性和舒适性，还增强了行车的安全性和效率。在智慧医疗领域中，人工智能不仅提升了医疗服务的效率和质量，还为患者带来了更好的就医体验。

【思考与练习】

一、选择题

1. 智能家居是由多个智能硬件组合而成的系统。来自不同厂家、使用不同（　　　）的智能家居设备之间存在不能完全"互联互通"的问题。

　　A. 联网模块　　　B. 通信协议　　　C. 通信模块　　　D. 功能模块

2. 智慧交通系统是人们将先进的各种技术有效综合起来，运用于整个交通运输系统中，以下哪项不是其中的技术？（　　　）

　　A. 电子自动控制技术　　　　　　　B. 信息技术

　　C. 传感器技术　　　　　　　　　　D. 智能路网

3. 自动驾驶技术中，除以下哪项技术外，可以让计算机可以在没有任何人类主动的操作下，自动安全地控制机动车辆。（　　　）

　　A. 视觉计算　　B. 人工智能　　　C. 雷达　　　　D. 汽车维修技术

4. 下列哪项不是智慧医院建设的关键技术？（　　　）

　　A. 物联网技术　　　　　　　　　　B. 大数据技术

　　C. 人工智能技术　　　　　　　　　D. 传统诊断技术

二、论述题

1. 列举智能家居技术在现代家庭生活中主要渗透的六大应用场景领域。

2. 试阐述物联网、大数据、人工智能等技术在智慧出行中的集成应用原理。

3. 简述智慧医院中大数据技术的应用及其对医疗行业的影响。

4. 分析人工智能如何改变我们的购物与消费习惯。

PART 06

学习主题 6
教育新亮点
——人工智能+教育

【学习导读】

人工智能不仅改变了传统的教学方式，还极大地丰富了教学内容，提高了教学质量，为教育改革开辟了广阔空间。本学习主题将深入探讨人工智能在教育领域的应用现状、核心技术、实践成果，以及面临的挑战与机遇。

学习目标

- 理解人工智能在教育领域的发展历程。
- 掌握人工智能在教育中的核心技术。
- 熟悉人工智能在教育中的应用。
- 了解人工智能＋教育面临的挑战及未来的发展。

素养目标

- 引导学生辩证地认知人工智能技术在教育领域的变革作用。培养学生以辩证思维看待科技发展与社会公平的关系，增强社会责任感。
- 引导学生明确在未来职业实践中需遵守的法律法规和伦理规范，提升数据安全意识与职业道德素养，筑牢信息安全防线。
- 引导学生理解技术创新对教育现代化的推动作用，鼓励学生将专业技能与服务社会需求相结合，培养学生的创新意识与实践能力。

【思维导图】

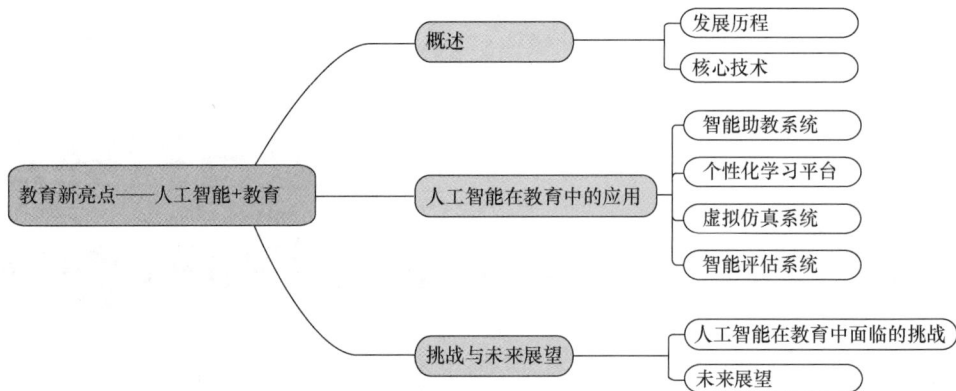

教育新亮点——人工智能+教育
- 概述
  - 发展历程
  - 核心技术
- 人工智能在教育中的应用
  - 智能助教系统
  - 个性化学习平台
  - 虚拟仿真系统
  - 智能评估系统
- 挑战与未来展望
  - 人工智能在教育中面临的挑战
  - 未来展望

扩展阅读

　　为深入贯彻落实推进教育现代化的有关部署，加快人工智能在高等教育领域的创新应用，利用人工智能技术支撑人才培养模式的创新、教学方法的改革、教育治理能力的提升，构建智能化、网络化、个性化、终身化的教育体系，教育部面向全国普通本科高校，征集并遴选一批使用人工智能技术赋能教育教学，成效显著、可复制推广的典型应用场景案例。主要征集方向包括但不限于以下场景。

　　1．教育语料库：基于教育场景需求建设的各学科专业类的专业知识、实践教学、教学管理的自主可控高质量多模态语料库，包括慕课、数字教材、学术资源、课堂实录、实验操作视频、学生管理数据、教师发展数据等。

　　2．教育图谱：通过知识图谱关联学科知识点、能力图谱映射技能层级、素质图谱整合核心素养与价值观指标，支撑个性化学习路径推荐及精准教学评估。

　　3．教育领域垂直模型：融合各学科专业教育资源、教育数据，构建基座大模型并进行本地化部署，通过语料清洗和指令微调，实现个性化场景需求。

　　4．数智化实践教学：打造云边端协同的智能基座，构建虚实融合的实践场景，通过数字孪生技术精准复现工程实践场景，结合 AIGC 生成虚拟仿真实验任务，实现多模态交互实践。

　　5．教育智能体：基于人工智能技术辅助教师优化教学过程与评价，为学生提供实时互动的伴随式学习支持与精准化学习反馈，开展个性化教与学，支撑智能化教学管理和科学研究。

　　6．算力平台：以国产算力或国内外混合算力平台为核心，搭载智能计算引擎，同时兼容公有云弹性扩展与私有化部署模式，形成自主可控的全栈算力解决方案。

　　7．其他教学模式创新场景：其他利用人工智能技术赋能高校教育教学的场景。

　　2024 年 4 月，教育部公布了首批 18 个"人工智能+高等教育"应用场景典型案例，北京大学口腔虚拟仿真智慧实验室的建设与应用、清华大学人工智能赋能教育试点等案例成功入选。

　　2024 年 11 月，第二批"人工智能+高等教育"应用场景典型案例公布，新增了32 个案例。

学习任务 1 概述

随着科技的快速进步，人工智能已逐渐融入我们日常生活的各个领域，教育领域也成为这一技术的重要应用场景。从最初的尝试应用到如今的深度融合，人工智能正在改变教育的形态，为未来的教育模式提供了新的可能性。这项新技术不仅深刻影响了教学方法与学习体验，还预示着教育领域即将迎来一个充满机遇的新时代。

知识点 1 发展历程

1. 初步探索

在人工智能技术的初步探索阶段，教育领域便敏锐地察觉到其潜在的巨大应用价值。人工智能在教育领域的初步探索主要应用了专家系统与自然语言处理两大技术。尽管功能较为简单，但这些技术已初步展现出在教育应用上的非凡潜力。

早期，智能辅导系统作为人工智能技术在计算机辅助教育与训练中的先锋开始"崭露头角"。智能辅导系统结构如图 6-1 所示。这些系统致力于模拟人类教师的角色，为学生提供个性化的学习辅导。它们能够根据学生的需求，提供基础的知识解答和个性化的学习建议，从而在一定程度上实现计算机教学的个性化。尽管这些系统在功能上存在一定局限性，但它们的出现无疑为后来的技术发展奠定了坚实的基础。

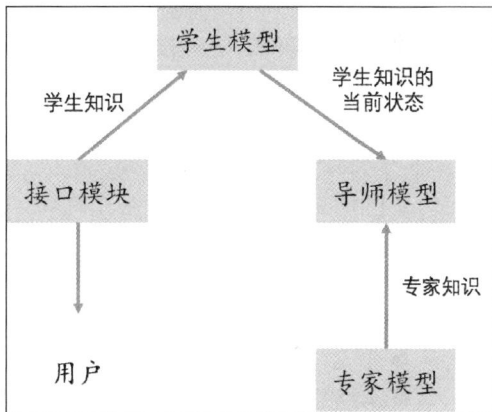

图 6-1 智能辅导系统结构

与此同时，自动化评测工具的出现也极大地提升了教师的工作效率。这些工具能够快速、准确地对学生的作业和考试答案进行评分与分析，为教师节省大量时间和精力。然而，由于当时技术水平和计算资源的限制，这些初步的探索在准确性和功能性方面仍存在一定不足。

2. 技术进展

近年来，随着计算能力的飞跃式提升与算法的持续优化，人工智能技术在教育领域的应用实现了显著突破，其中深度学习技术的快速发展尤为引人注目。

深度学习技术赋予机器学习模型处理复杂数据的能力，包括图像、语音及文本等，这使得人工智能能够更加精准地捕捉学生的学习行为，深入分析学习数据，并据此为每位学生提供个性化的学习建议。1996 年，彼得·布鲁西洛夫斯基（Peter Brusilovsky）对自适应学习系统进行了初步定义，强调该系统能够通过分析学习过程中信息，为每位学生构建一个与其学习能力和认知水平相匹配的个性化用户模型，从而解决传统教育中缺乏针对性的问题。在此基础上，布鲁西洛夫斯基与格哈德·韦伯（Gerhard Weber）共同提出了一个交互式智能教学系统，其结构如图 6-2 所示。该系统能够根据学生的学习历史和成绩，精准推送最适合他们的学习资源和学习路径，显著提升学生的学习效果。

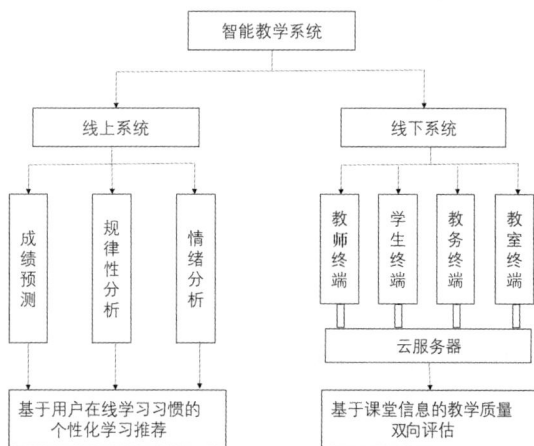

图 6-2　智能教学系统结构

此外，自然语言处理技术的持续发展极大提升了人工智能理解和回应学生问题的能力。当前的智能问答系统不仅能够迅速解答基础知识问题，更能依据问题的上下文进行逻辑推理和详细解释，为学生提供更深入、全面的学习辅助。这些技术的融合与应用正逐步推动教育领域向更智能化、个性化的方向发展。

3. 深度融合

传统的课堂教学正在逐步被个性化、自适应的教学模式取代。借助人工智能技术，教师可以精准地把握每位学生的个体差异和学习需求，为他们量身定制更贴合实际的教学内容。这种个性化的教学方式不仅显著提升了教学效果，还充分满足了学生的多元化学习需求，使教育更加贴近每个学生的实际情况。

在资源分配方面，通过对海量学习数据的挖掘与分析，教育机构可以更加准确地掌握教学资源的分配方向，确保师资、教学设备等资源能够根据学生的实际需求进行合理配置。这不仅提高了教育资源的利用效率，还进一步促进了教育的公平性，使更多学生能够享受优质的教育资源。

知识点 2　核心技术

人工智能与教育结合的理论基础主要基于以下几项关键的技术。这些技术不仅推动了教学改革，还为教育创新提供了新的动力。

1. 机器学习

随着人工智能的快速发展，机器学习在教育领域的应用已深入到教学的各个细节，其潜力和实用价值日益凸显。通过对庞大且复杂的教育数据进行深度挖掘和分析，机器学习能够帮助教师发现以往难以察觉的学习细节和规律。机器学习在教育中的应用如图 6-3 所示。

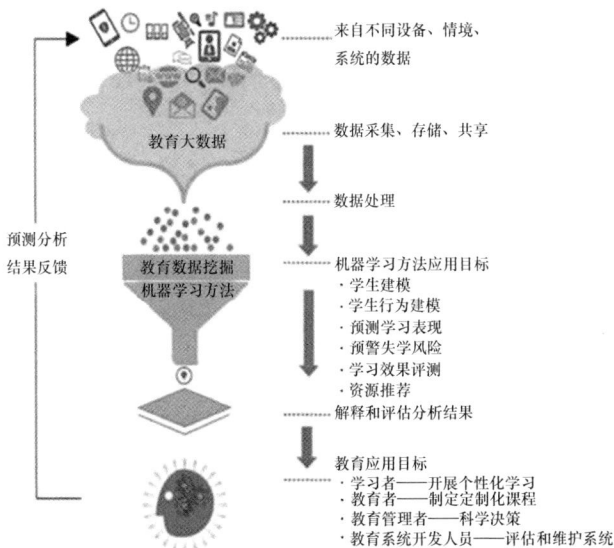

图 6-3　机器学习在教育中的应用

以某高中数学教学为例，教师可以借助机器学习系统追踪和分析学生的学习情况。该系统不仅能够记录学生每次考试的分数，还能记录学生在不同章节上的学习时长，以及其在在线学习平台上与教师、同学的互动次数和类型等数据。

通过这些数据，系统可以准确地描绘出每位学生的数学学习画像。这些画像不仅反映了学生的总体数学水平，还详细标注了学生在哪些数学领域的学习上较为擅长，以及在哪些数学领域的学习上存在短板。例如，部分学生可能在求解二次方程时表现优异，但在理解三角函数知识时却遇到困难。

这种细致化的分析极大地提升了教师教学的针对性。教师不再需要仅凭借期末或期中考试的分数来评估学生的学习情况，而是能够实时、精准地了解每位学生的具体需求和学习难点。一旦系统提示某位学生在特定领域存在学习障碍时，教师可以迅速提供个性化的辅导材料，或进行一对一的专项指导。

机器学习的优势不仅体现在对学生当前学习状况的分析上，还可以通过历史数据预测学生未来可能遇到的学习障碍。例如，在英语教学中，系统可以通过分析学生过去的词汇记忆速度、阅读理解能力以及写作中的语法错误等数据，提前判断哪些学生在面对更复杂的英语文本或写作任务时，可能会感到力不从心。当系统预测某位学生在未来的英语学习中可能遇到困难时，它会生成详细的报告，明确指出该学生需要额外加强的具体内容。基于这些预测和建议，英语教师可以提前为学生制定个性化的学习计划，如为学生提供特定的阅读材料、加强语法训练或安排更多的口语实践机会。

机器学习在教育领域的应用，为教师提供了全新的教学思路，帮助他们深入理解并优化学生的学习过程。通过对学生学习数据的深度分析与预测其未来的学习行为，机器学习不仅能帮助教师全面掌握学生的学习需求和可能遇到的困难，从而制定更高效的个性化教学方案和干预策略，确保每个学生都能在最适合自己的环境中学习和成长。

2. 深度学习

深度学习在教育领域的应用，尤其是图像和语音识别技术的应用，不仅改变了教学方式，还极大地丰富了学生的学习体验，让教育过程变得更加智能化和个性化。

图像识别技术如今已经成为课堂教学的重要"助手"。校园和教室内的监控系统能够实时捕捉学生面部表情数据，如图 6-4 所示，图像识别技术可以对监控系统采集的学生面部表情进行深入分析。同时，目标检测技术能够锁定学生面部的关键特征点，快速准确地识别其表情，从而推断其学习状态，并将这些信息反馈给教师。教师可以据此对课堂教学节奏进行灵活调整，为学生提供个性化、有针对性的辅导。

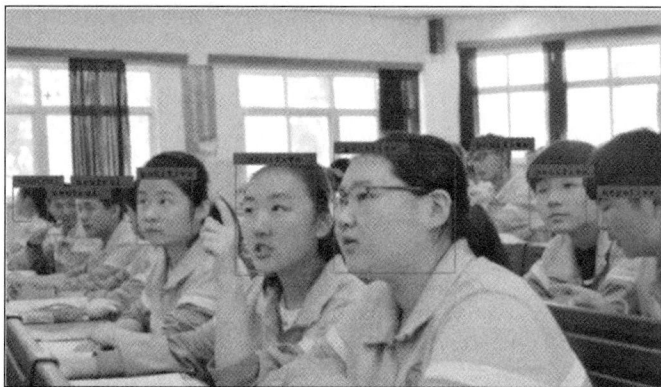

图 6-4　捕捉学生面部表情数据

需要注意的是，在应用人脸识别技术时，应严格遵守隐私保护和数据安全法规，防止学生个人信息被滥用或泄露。此外，还应加强对学生情绪管理的教育和引导，帮助学生调节情绪，保持良好的心理健康状态。

语音识别技术是实现人机交互的关键技术。语音识别技术的应用，有效解决了口语学习环境稀缺、口语教学评价烦琐等难题。即使是在大型课堂上，教师也能轻松实现即时评测。学生可以通过答题器、计算机等硬件设备与教师进行人机互动。答题系统能够将学生口头回答的内容从音频格式转换为文本形式，方便教师审阅。教师可以依据专业判断对答案进行评判。

在课堂教学过程中，语音识别技术不仅能够帮助教师及时发现学生的错误并给予反馈，还能将教师的授课语音实时转换为文字，便于学生记录课堂要点，从而使学生能够更加专注于课堂内容的理解和吸收。

3. 自然语言处理

自然语言处理为教育的发展持续赋能，改变了教与学的互动模式。

在智能问答系统方面，自然语言处理技术的应用使得系统能够更深入地理解学生的自然语言提问。这些系统不再仅仅局限于简单的关键词匹配，而是能够真正"读懂"学生的问题，从而提供更加精准和有价值的回答。无论学生是对复杂概念感到困惑，还是在课程安排、作业要求等方面需要咨询，智能问答系统都能够迅速给出准确且实用的解答，大幅提升学生的学习效率。

除了快速答疑，智能问答系统还可以基于自然语言处理的数据分析能力，根据学生的提问历史、学习进度以及兴趣偏好，为其推荐相关的学习资源，如专业书籍、在线视频课程等。这种个性化的推荐服务不仅帮助学生更好地拓展知识面，还能有效激发学生的学习兴趣，使学习变得富有趣味性。

在教学辅助工具方面，自然语言处理技术同样展现出强大的实力。这些工具能够自动整理和分析学生的学习数据，包括作业完成情况、课堂互动记录、在线学习时长等，为教师提供全面而深入的学生学习画像。基于这些画像，教师能够精准把握每个学生的学习状况和特点，制定更加贴合学生实际的教学方案。

教学辅助工具还可以实现自动批改作业和试卷。系统可以智能识别学生的答案，并与标准答案进行比对，从而给出准确的评分和反馈，极大地减轻了教师的工作负担。

学习任务 2　人工智能在教育中的应用

随着人工智能技术的飞速发展，其在教育领域的应用日益广泛。这项技术为传统教学模式带来了深刻的变革。人工智能不仅能够提升教学效率，还能实现个性化学习，促进学生的全面发展。

知识点 1　智能助教系统

智能助教系统是一种利用人工智能技术辅助教学和解答学生问题的智能系统。它不仅能够提供全天候的个性化学习支持，还能帮助学生进行深入思考，激发学习灵感。通过整合大数据、云计算等先进技术，智能助教系统能够采集学生的学习数据，分析学习行为，为教师提供精准的教学反馈，从而优化教学策略，提升教学质量，如科大讯飞的智慧教育应用平台中的智慧教学功能，为教师的教学提供有力的支持与帮助。

科大讯飞智慧教育应用平台借助大数据和人工智能技术，搭建智慧教学体系。该平台通过全场景伴随式数据采集机制，全面收集学生的学业数据，并对这些数据进行深度挖掘和分析，形成学情分析报告。这些报告能够帮助教师精准确定课堂教学的重点和难点，聚焦学生共性薄弱的知识点，从而有效提升教学效率。科大讯飞智慧教育应用平台如图 6-5 所示。

图 6-5　科大讯飞智慧教学应用平台

百度 VR 智慧课堂是百度教育推出的一款结合虚拟现实技术的智慧教育平台。该平台利用虚拟现实技术的沉浸性、交互性和构想性特点，为中小学教育、高等教育及职业教育等领域提供全新的教学模式。百度 VR 智慧课堂如图 6-6 所示。通过模拟真实或虚构的学习环境，学生能够在虚拟空间中进行探索、学习和实践，从而更直观地理解知识，提高学习效率。

图 6-6　百度 VR 智慧课堂

🔍 扩展阅读

大学物理课程智慧人工智能助教系统

2024 年 4 月，教育部公布了首批 18 个"人工智能+高等教育"应用场景典型案例，东南大学推荐的"大学物理课程智慧人工智能助教系统"成功入选。

"大学物理课程智慧人工智能助教系统"运用人工智能技术，从多个维度为《大学物理》课程教学提供支持。该系统为教师提供智慧管理和智能决策功能，为学生提供自适应学习路径和个性化学习指导,从而全面提升课程的教学质量和学生的学习体验。该系统主要包括以下几个功能。

1. 支持个性化学习

该系统通过记录学生的学习数据和行为,形成精准的学生画像,为学生提供个性化的学习路径和资源推荐。

2. 智慧管理和智能决策

该系统通过分析学生的学习数据,为教师提供智慧管理和智能决策的支持。教师可以更好地了解学生的学习状态和需求,及时调整教学策略,优化教学方案从而实现因材施教。

3. 知识图谱与可视化

通过建立大学物理课程的知识图谱,该系统可以实现知识内容的可视化展示,帮助学生构建完整、准确的知识体系。这种可视化的呈现方式能够帮助学生更好地理解和掌握课程内容,提升学习效率。

4. 人机对话与智能问答

系统具有人机对话功能,提供学习陪伴和智能问答服务。学生可以随时向人工智能助教提问,系统能够迅速给出准确的答案和解析,这不仅帮助学生解决学习难题,还能激发他们的学习兴趣和内驱力。

该系统的应用全面提升了大学物理课程的教学质量和学生的学习体验。通过智能化辅助和个性化支持,不仅提高了学生的学习效果,也减轻了教师的教学负担。

知识点 2 个性化学习平台

个性化学习平台通过应用人工智能技术(如机器学习、自然语言处理等),分析学生的学习行为和兴趣,为他们提供定制化的学习资源和学习路径。这些平台能够根据学生的反馈和学习表现,动态调整学习内容和难度,从而实现自适应教学。

平台整合了多种形式的学习资源,包括视频课程、在线题库、互动问答等,可以满足学生多样化的学习需求。这些资源不仅覆盖各个学科领域,还对不同年级和水平的学生进行了分类和标注,方便学生根据自身实际情况选择适合的学习内容。例如,码上——大模型赋能的智能编程教学应用平台、水杉在线——大规模个性化全民数字素养在线学习提升平台,都为学生的个性化学习提供了有效支持。

"码上"平台,如图 6-7 所示,依托北京邮电大学网络智能研究中心的技术指导,基于讯飞星火大模型 V2.0 的强大代码能力,为学生提供实时、精准的智能代码纠错、差异化代码修改对比、一对一启发式智能编程辅导等功能。未来,该平台还将推出智慧教材、无代码编程、问题智能答疑、在线评测、班级管理、多维教学数据分析、智能教学评估等更多创新功能。"码上"平台旨在减轻高校教师辅导答疑的工作压力,同时提高学生编程的学习效率,实现"老师轻松教,学生高效学"的目标。

图 6-7 "码上"平台

"水杉在线"是华东师范大学在教育数字化转型探索中打造的新一代全链路数字化在线学习平台。该平台为学生提供了一个集"学、练、测、评、创"于一体的综合性学习社区，如图 6-8 所示。与传统慕课平台相比，"水杉在线"独具特色。它依托云计算平台构建大规模的线上实践环境，利用开源软件开发实践项目，并提供在线实训、在线编程自动评测以及社交化软件项目协作等多元化服务，使学生能够在线上开展实践操作。此外，"水杉在线"还基于学生行为数据，制定个性化和针对性的教学方案，进一步构建了科学有效的过程性评价体系，有效解决传统课堂教学在适应数字化人才培养方面的关键问题。

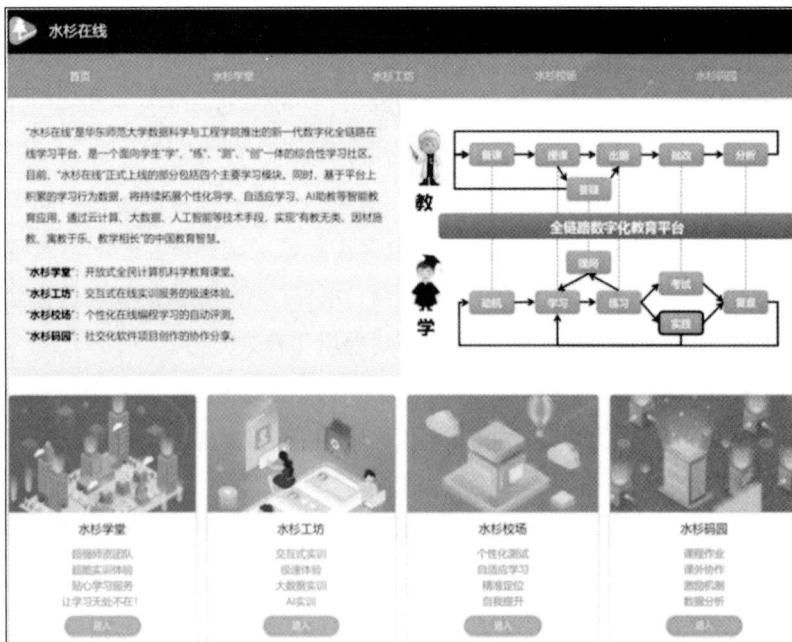

图 6-8 "水杉在线"平台

知识点 3　虚拟仿真系统

虚拟仿真系统，又称虚拟现实技术或模拟技术，是一种利用计算机技术模拟现实事物的技术。通过引入人工智能和机器学习技术，虚拟仿真系统可以具备更强的自主学习和适应能力，从而提高仿真的准确性和效率。

虚拟仿真系统在教育领域的应用丰富多样，不仅提升了教学质量，还为学生提供更加安全、高效的学习环境，如北京大学口腔医院的口腔虚拟仿真智慧实验室，充分展示人工智能技术在口腔虚拟仿真教学领域中的应用潜力和创新价值，如图 6-9 所示。

图 6-9　口腔虚拟仿真智慧实验室

口腔虚拟仿真智慧实验室以虚拟仿真技术、大数据技术为支撑，是深度融合智能物联、智能管理、智能学习与智能评估的多维度智能一体化虚拟仿真训练中心。实验室划分为讲授区、线上训练区、虚拟仿真训练区等功能区域。线上训练区可开展虚拟仿真实验教学和自动化评估，虚拟仿真训练区支持多种类型的虚拟仿真训练和评估，并配备反馈功能。

知识点 4　智能评估系统

智能评估系统能够自动对教学过程进行评估和反馈，从而提高教学质量和效果。该系统不仅可以实时监测和分析教师的教学行为、学生的学习状态以及课堂互动情况，还可以从教师教学、学生学习、课堂内容等多个维度进行评价，形成全面的课堂评估报告。此外，该系统还具备自动批改作业和试卷的功能，能够减轻教师的工作负担，提高批改效率和准确性。基于学生的答题情况和学习历史，智能评估系统能够生成个性化的反馈报告，帮助学生识别错误点并明确改进方向。

北京师范大学开发的基于人工智能的课堂教学智能评测系统，通过计算机视觉、自然语言处理、集成学习和统计建模等多种人工智能与数据分析技术，能够实时监测和分析教师的教学过程（如教学行为、教态、教学工具使用情况等）、学生的学习过程（如行为表现、专注度、活跃度等）以及教学内容（如教学大纲知识点的偏移度、关键知识点覆盖情况等）。基于人工智能的课堂教学智能评测系统如图 6-10 所示。

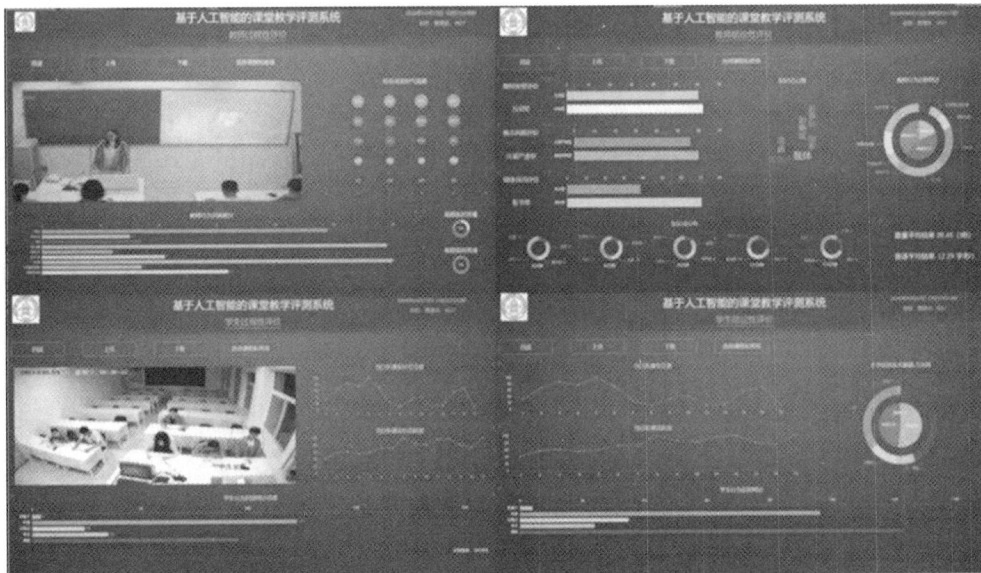

图 6-10　基于人工智能的课堂教学智能评测系统

华中科技大学开发的智能学业预警系统，旨在通过数据分析和人工智能技术预警学生的学习风险，并及时提供帮扶措施，助力每位学生健康成长。该系统基于学生的学业成绩、生活消费、图书馆使用等在校学习生活的历史数据，运用人工智能技术建立了智能学业预警模型。结合学生的历史学业情况、近期在校学习生活数据，该系统能够预测学生当前学期的学业情况，并对存在学业困难风险的学生进行分级预警，帮助学校精准开展学业指导和帮扶工作。智能学业预警系统如图 6-11 所示。

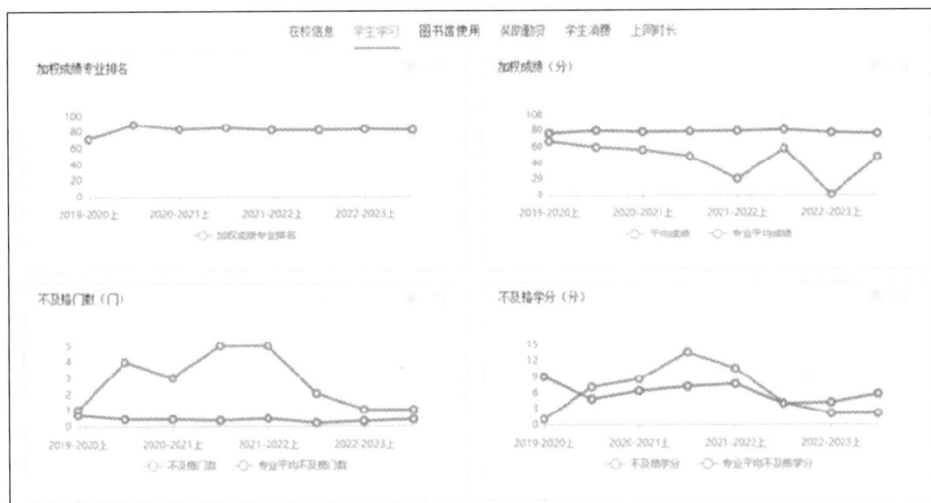

图 6-11　智能学业预警系统

人工智能技术不仅能够为学生提供个性化的学习计划和资源，还能模拟人类教师的指导，帮助学生解决学习中遇到的问题。同时，它还能够帮助教育机构分析大量教育数据，深入了解学生的学习需求和教学效果，从而优化教育资源的配置。此外，人工智能技术甚至还能够为有特殊需求的学生提供个性化的辅助和支持，如为语言学习障碍者提供人工智能语言翻译系统，以改善他们的学习体验，进一步促进教育公平。

学习任务 3　挑战与未来展望

知识点 1　人工智能在教育中面临的挑战

从在线课堂的蓬勃兴起，到虚拟现实技术打造的沉浸式"元宇宙校园"体验，再到如今广受关注的大语言模型，这些颠覆性的技术革新不仅极大推动了教育教学方式的进步，也带来了一系列新的风险、挑战与伦理问题。这些变化促使我们深入思考如何在科技与教育之间找到平衡点。人工智能在教育应用中面临的挑战如下。

1. 教师角色定位的转变

在传统教育模式中，教师是知识的传播者，学生是知识的接受者。然而，随着人工智能技术的快速发展，尤其是大语言模型等先进技术的广泛应用，学生能够通过智能系统迅速获取大量信息，甚至在某些特定领域的知识掌握上可能超越教师。这种知识获取方式的变化使得教师的传统知识权威地位受到了挑战。

在这一背景下，教师的角色正逐渐从单一的知识传授者转变为多元的学习引导者、情感支持者和技术辅助者。这种角色定位的转变对教师提出了更高的要求。他们不仅需要具备扎实的专业知识，还需要掌握引导学生有效利用人工智能技术进行学习的能力，以及更加关注学生情感需求的能力。教师需要不断学习新的技能和知识，以适应这一角色的转变，从而更好地促进学生的全面发展。

2. 人机协同教学的伦理困境

在人机协同教学的新模式下，如何准确界定教师、学生与人工智能之间的关系，成为一个重要的伦理难题。一方面，人工智能作为教学辅助工具，其角色应明确界定为辅助而非替代教师；另一方面，需要确保人工智能在教学过程中的公正性、无偏见性，同时有效保护学生的隐私权和自主权。

为了应对这些挑战，我们需要建立一套完善的伦理规范体系，明确人工智能在教学中的使用原则和限制。同时，还需要加强对人工智能技术的监管和评估，确保其在教学过程中的公正性和无偏见性。此外，我们必须高度重视学生隐私权和自主权的保护，建立健全的数据保护机制，确保学生数据的安全性和隐私性。

3. 教育公平性的挑战与机遇

虽然人工智能技术的应用有助于实现更加个性化的教学，提高教学效率和质量，但这也可能加剧教育不公平现象。

为了应对这一挑战，我们需要探索更加公平、包容的人工智能的教育应用模式。例如，可以通过政府补贴、公益项目等方式，为经济条件较差的学生提供接触和使用人工智能教育资源的机会。此外，还可以鼓励学校和教育机构之间的合作与共享，促进优质教育资源的均衡分布，从而实现教育公平的目标。

4. 数据安全与隐私保护的严峻挑战

人工智能的教育应用需要收集和处理大量学生数据，包括个人信息、学习行为等敏感信息。这些数据如果处理不当或遭到泄露，将严重侵犯学生的隐私权。

为保障学生的数据安全和隐私权，我们需要采取一系列措施。首先，应建立严格的数据安全管理规范，确保学生数据的收集、存储、处理和使用均符合相关法律法规和伦理要求。其次，需要加强对数据处理人员的培训和管理，提升其数据安全意识和技能水平。最后，还需建立透明的数据管理机制，使学生及其家长能够了解数据的使用情况并有监督权。

5. 教育价值的重塑与人文关怀的融入

人工智能技术的应用促使我们重新思考教育的目标和价值。在追求高效、个性化教学的同时，我们也应该注重培养全面发展的人才。因此，在人工智能的教育应用中，我们应融入更多的人文关怀和情感支持，关注学生的全面发展需求。

例如，我们可以利用人工智能技术为学生提供更加个性化的学习建议和反馈，同时关注他们的情感变化和心理健康状况。此外，我们还可以利用虚拟现实等技术，为学生提供更加丰富、生动的学习体验，激发他们的学习兴趣和创造力。

知识点 2 　未来展望

随着前沿技术的不断发展，特别是机器学习、深度学习等算法模型的持续进步，人工智能在教育行业的应用将迎来新的发展机遇。未来，人工智能在教育领域的发展趋势将呈现多元化、深层次的特点，为教育带来前所未有的创新与变革。

1. 个性化教育的全面实现

通过深度学习和大数据分析，人工智能将能够更精准地理解每位学生的学习习惯、兴趣和能力，从而为他们定制个性化的学习路径和资源。这种个性化的教育模式将极大地提高学习效率和学习效果，使学生能够按照最适合自己的节奏和方式成长，实现真正的因材施教。

2. 智能评估系统的普及

人工智能将在教育评估中的作用越来越重要。智能评估系统能够自动批改作业、试卷，提供即时反馈和建议，大幅减轻教师的工作负担，同时提高评估的精准度和效率。通过深度数据分析，系统能够为教师和学生提供全面、深入的学习报告，帮助他们更好地了解自身的学习状况和需求，从而生成更具针对性的学习计划。

3. 教育资源的均衡与共享

人工智能技术将有助于打破地域限制，实现教育资源的均衡分配和共享。通过智能算法和大数据分析，人工智能能够精准评估学生的学习需求，为他们推荐适合的学习资源和支持。这将使更多学生能够获得优质的教育资源和服务，缩小教育差距，推动教育公平的实现。

4. 教育模式的创新与融合

人工智能将推动教育模式的不断创新和融合。随着虚拟现实与增强现实等技术的引入，人工智能将为学生提供更加沉浸式和互动性的学习体验。同时，人工智能还将促进跨学科融合和跨界合作，打破传统教育的界限和束缚，为学生提供更加丰富、多元的学习内容，激发他们的创新思维和实践能力。

5. 提升教师教学水平

人工智能也将提升教师的教学水平。通过智能助教和教学分析工具，人工智能可以帮助教师更好地了解学生的学习状况和需求，提供个性化的教学建议和资源。此外，人工智能还能够辅助教师进行课程设计、教学准备和课堂管理等工作，从而提高教学效率和质量。这些支持将帮助教师不断提升教学能力和水平，为学生提供更优质的教育服务。

6. 关注技术伦理与隐私保护

随着人工智能在教育领域的广泛应用，技术伦理和隐私保护问题受到了更多的关注和重视。教育机构和相关部门将加强监管和规范，确保人工智能的健康发展。同时，还将加强对学生隐私的保护，采取严格的数据加密和访问控制措施，防止个人信息泄露和滥用。

人工智能在教育领域的未来展望充满了无限可能。随着技术的不断进步和应用场景的持续拓展，人工智能将为教育领域带来更多创新和变革，推动教育向更加个性化、高效、公平的方向发展。同时，我们也需要持续关注技术伦理和隐私保护等问题，确保人工智能的健康发展，为教育事业的长远发展奠定坚实基础。

📖 扩展阅读

科大讯飞人工智能学习机

随着人工智能的飞速发展，其在教育领域的应用正日益广泛。科大讯飞人工智能学习机展现了人工智能如何助力教育创新，为孩子们提供更加个性化、高效的学习体验，如图 6-12 所示。

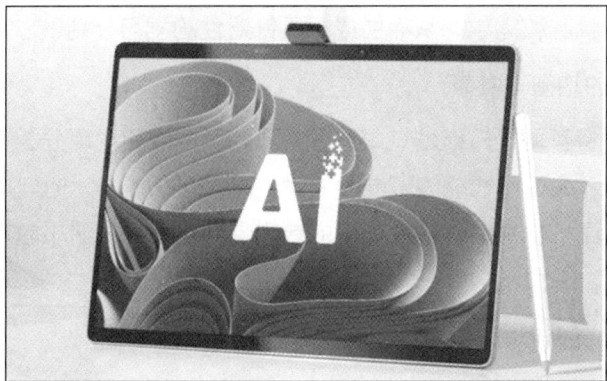

图 6-12　科大讯飞人工智能学习机

　　科大讯飞人工智能学习机内置大量有助于青少年身心健康的视频课程，覆盖升学择业、学会学习、社会适应、认识自我、人际交往、情绪发展六大类，帮助孩子自我调节，缓解压力。

　　科大讯飞人工智能学习机旨在通过多种人工智能技术，深入理解学生的学习需求和习惯，进而分析孩子的学习情况和进度，给学生的自主学习提供辅导，覆盖预习、复习、备考、作业辅导等多种场景，有效解决孩子学业提升慢、提升难，良好学习习惯难以养成，以及家长辅导难等问题。

【学习小结】

　　本学习主题深入探讨了人工智能在教育领域的应用与发展，分析人工智能如何重塑教育形态并推动教育模式的革新。通过详细的分析和案例，展示了人工智能如何逐步改变教育的面貌，推动其向更加智能化、个性化、高效化的方向发展。

【思考与练习】

一、选择题

1. 人工智能在教育领域的初步探索阶段，主要运用了哪些技术？（　　　）

　　A. 虚拟现实技术　　　　　　　　　　B. 深度学习技术

　　C. 专家系统和自然语言处理　　　　　D. 云计算技术

2. 深度学习在教育领域的应用不包括以下哪项？（　　　）

　　A. 图像识别技术辅助课堂教学

　　B. 语音识别技术实现即时评测

　　C. 虚拟现实技术提供沉浸式学习体验

　　D. 自然语言处理技术优化智能问答系统

3. 个性化学习平台的核心技术不包括以下哪项？（　　　）

　　A. 机器学习　　　B. 深度学习　　　C. 虚拟现实　　　D. 自然语言处理

4. 智能助教系统主要解决了教育中的哪些问题？（　　　）

    A. 提高了教师的教学效率

    B. 减轻了学生的作业负担

    C. 实现了教育资源的均衡分配

    D. 以上都是

二、填空题

1. 深度学习技术使得机器学习模型能够处理更加复杂的数据，如_____、_____和_____等。

2. 自适应学习系统通过分析学生的学习数据，为他们提供量身定制的学习内容和路径，从而提高了_____和_____。

三、论述题

1. 简述机器学习在教育领域的应用及其带来的好处。

2. 描述自适应学习系统是如何工作的，并解释其对学生学习的积极影响。

3. 分析人工智能在教育领域应用中所面临的挑战，并提出相应的解决策略。

4. 探讨传统教学与人工智能辅助教学的优缺点。

PART 07

【学习导读】

人工智能正以前所未有的速度渗透至经济的各个领域，成为推动经济社会发展的新引擎。本学习主题将全面解析人工智能如何赋能经济，促进产业升级，提高生产效率，并创造新的经济增长点。

学习目标

- 理解人工智能对经济发展的作用。
- 了解智能制造的概念、核心技术及应用。
- 了解智慧农业的概念、核心技术及应用。
- 了解智慧金融的概念、核心技术及应用。

素养目标

- 引导学生深刻认识科技对经济发展的核心推动作用，激发"以技术创新服务国家战略"的使命感，树立"科技报国、产业兴国"的理想信念，将个人职业发展与国家经济转型升级需求紧密结合。
- 引导学生在专业学习中突破传统思维，培养跨界融合、协同创新的意识。

【思维导图】

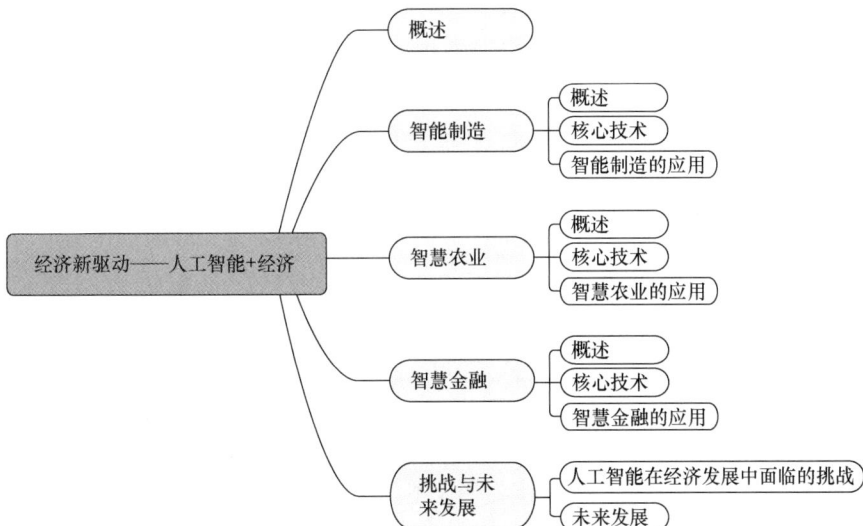

经济新驱动——人工智能+经济
- 概述
- 智能制造
  - 概述
  - 核心技术
  - 智能制造的应用
- 智慧农业
  - 概述
  - 核心技术
  - 智慧农业的应用
- 智慧金融
  - 概述
  - 核心技术
  - 智慧金融的应用
- 挑战与未来发展
  - 人工智能在经济发展中面临的挑战
  - 未来发展

扩展阅读

南京长安汽车有限公司——长安新能源汽车个性化定制总装智能车间

南京长安汽车有限公司是长安汽车旗下重要的生产基地，是基于"软件定义汽车"制造模式打造的新能源智能个性化定制示范工厂。主要产品为深蓝品牌首款 SUV 深蓝 S7，提供增程式和纯电动两种动力形式供消费者选择。

围绕智能制造、柔性生产等重点需求，工厂深入开展了 5G、大数据、边缘计算等新型基础设施建设。通过 5G 专网推动智能制造升级和重点场景应用，实现云端系统对企业生产计划、采购、仓储物流、质量管控、生产过程和生产设备的实时管理，最终达成新能源 5G 智慧工厂建设目标。

1. 5G 专网建设

搭建基于 5G 专网的全连接网络，综合利用 700 MHz 和 4.9 GHz 频段，解决园区广泛覆盖和特定场景下低时延、高带宽的应用需求。5G 技术与工业控制系统结合，可对汽车生产设备进行远程控制，实现调整设备参数、启停等操作。

2. 智慧生产

利用 5G 专网技术，通过云端系统实时管理企业生产过程和生产设备，实现物料从入库存储到调配运输的全程数字化、智能化管理，完成车辆底盘、轮胎等汽车零部件的全自动装配。

3. 过程管控

通过 5G 工业网关和物联网传感器实时监测企业生产状态、设备运行及车间环境数据。利用 5G 网络将采集数据上传至云端平台后进行分析，实现对产品缺陷、设备故障和刀具失效等问题的预测和预防性干预，提升智慧工厂的安全性和运行效率，促进企业工业控制管理的智能化升级。

学习任务 1　概述

人工智能通过智能自动化提升制造业效率，降低人力成本；在服务业，人工智能驱动的数据分析与智能客服优化了用户体验，提升企业竞争力。人工智能不仅革新了生产方式，提高了生产效率并降低了成本，还催生了自动驾驶、智慧医疗等新兴产业。人工智能推动传统产业转型升级，创造大量就业机会的同时也对传统岗位提出转型要求。人工智能改变了经济运行方式，使数据成为决策依据，帮助企业和政府优化市场调控，实现供需关系的动态平衡。总体来看，人工智能在提升经济效率、推动产业升级的同时，也带来就业结构调整、数据安全等挑战，需要政策引导与技能培训相结合，才能实现经济高质量发展。

1. 提高生产效率并降低成本

人工智能通过机器学习和深度学习等技术，实现了生产过程的自动化和智能化，大幅提高了生产效率。在制造业中，智能工厂采用机器视觉等技术，24 小时不间断地进行生产，显著降低了人工成本并缩短了生产周期。在汽车制造行业，基于人工智能的机器人可以精准完成焊接、装配、检测等任务，提高了产品质量的一致性，大幅缩短了生产周期。人工智能还能优化生产流程，减少资源浪费，从而进一步降低生产成本。人工智能可以实时监测设备运行状态，提前预测故障，减少停机时间。人工智能还能优化供应链管理，智能库存管理系统可根据市场需求自动调整原材料采购，避免库存积压或短缺，从而降低仓储成本。生产效率的提升和成本的降低，直接促进了经济的快速增长。

2. 催生新兴产业与推动传统产业转型升级

人工智能的快速发展促进了一系列新兴技术的发展，如大数据技术、机器学习、云计算、物联网等，这些技术不仅成为经济增长的新引擎，还带动了芯片制造、智能硬件等上下游产业链的发展，创造了算法工程师、人工智能训练师、数据分析师等新兴职业，推动经济结构向高技术、高附加值方向转型。同时，人工智能与传统产业的深度融合加速了传统行业的智能化升级。在制造业，工业机器人、数字孪生、智能质检等技术提升了生产精度和效率。在零售业，智能推荐、无人商店、计算机视觉技术优化了消费体验。在农业，智能监测、精准灌溉提高了资源利用率。

3. 优化资源配置与提升经济决策水平

人工智能为经济决策提供了重要的数据支持。通过大数据分析和机器学习，企业能更精准地掌握市场需求与供给动态，从而优化资源配置并提升经济效益。政府相关部门也可借助人工智能开展宏观经济调控（如政策模拟、风险预警等）和市场监管，增强决策的科学性与有效性。这种技术驱动的优化为经济增长提供了有力保障。

学习任务 2　智能制造

制造业作为实体经济的基石，对于国家的综合实力和国际竞争力具有决定性的影响。党的二十大报告指出，坚持把发展经济的着力点放在实体经济上，推进新型工业化，加快建设制造强国、质量强国、航天强国、交通强国、网络强国、数字中国。实施产业基础再造工程和重大技术装备攻关工程，支持专精特新企业发展，推动制造业高端化、智能化、绿色化发展。巩固优势产业领先地位，在关系安全发展的领域加快补齐短板，提升战略性资源供应保障能力。推动战略性新兴产业融合集群发展，构建新一代信息技术、人工智能、生物技术、新能源、新材料、高端装备、绿色环保等一批新的增长引擎。构建优质高效的服务业新体系，推动现代服务业同先进制造业、现代农业深度融合。加快发展物联网，建设高效顺畅的流通体系，降低物流成本。加快发展数字经济，促进数字经济和实体经济深度融合，打造具有国际竞争力的数字产业集群。优化基础设施布局、结构、功能和系统集成，构建现代化基础设施体系。

知识点 1　概述

1. 智能制造的概念

智能制造是一种将信息技术、网络技术与传统机械工程相结合的生产方式，旨在通过高度集成的自动化系统、大数据分析工具、物联网技术等手段，实现产品设计、原型制作、生产过程控制及质量检测等环节的全程数字化，从而提高生产效率和产品质量。智能制造具备自感知、自学习、自决策、自执行和自适应等独特能力，能够实时感知生产环境的变化，自动调整生产参数和流程，以确保产品质量和生产效率的最优化。智能制造不仅关注生产过程的智能化，还强调整个产业链的智能化协同，以及产品与服务的智能化升级。

2. 智能制造的特点

（1）技术驱动。智能制造以人工智能、机器学习、大数据分析等新兴技术为支撑。通过技术的不断发展和应用，智能制造系统能够提升制造过程的高效性、精细化、自动化和智能化水平。这些技术使得智能制造系统能够实时感知生产环境、分析生产数据、做出智能决策并自动执行生产任务。

（2）高度自动化与柔性化。智能制造系统能够实现高度的自动化生产，减少人工干预，提高生产效率。同时，它还具备柔性化生产能力，可以根据市场需求快速调整生产线和产品规格，实现个性化定制，并快速响应市场变化。

（3）智能化决策。智能制造系统通过收集和分析生产过程中的大量数据，运用机器学习算法进行数据挖掘和模式识别，为生产决策提供科学依据。这种智能化决策能力有助于企业优化资源配置、降低生产成本、提高产品质量、增强市场竞争力。

（4）产业链协同。智能制造不仅关注单个企业的智能化升级，还强调整个产业链的智能化协同。通过物联网、云计算等技术，实现供应链、生产线、物流管理和售后服务等环节的智能化连接和协同，从而提高整个产业链的效率和竞争力。

（5）可持续发展。智能制造注重绿色制造和可持续发展理念的应用。通过优化生产工艺、提高资源利用效率、减少废弃物排放等方式，实现经济效益与环境效益的双赢。此外，智能制造还推动制造业向高端化、智能化和服务化方向转型，全面提升制造业的整体水平和竞争力。

知识点 2　核心技术

智能制造的核心技术涵盖传感技术、大数据分析技术、人工智能技术、自动化和机器人技术，以及云计算和边缘计算等。

1. 传感技术

传感技术是智能制造的基础，它们通过智能设备和传感器实时捕获生产过程中的各种数据。物联网是基于标准化、互通性的通信协议构建的全球性动态网络设施，使所有实物和虚拟物品能够通过智能界面实现无缝连接和信息共享。传感技术在物联网中扮演着信息采集和处理的关键角色，通过传感器获取物理世界的各种信息，为智能制造提供实时、准确的数据支持。

例如，在船舶智能制造生产过程中，建立工艺控制自适应反馈机制至关重要。这一机制旨在优化智能船舶管理车间的结构，并最终实现船舶智能生产的自动闭环控制管理目标。如图 7-1 所示，智能船舶车间具有三层结构，其中制造执行系统（Manufacturing Execution System，MES）作为中间层发挥着重要作用。MES 不仅能够通过无线传感网络有效接收上层发送的生产计划，并将其分解后传输至智能生产车间，还能够通过网络监控设备实时监测生产车间的动态运行情况，将车间相关运行信息传递至企业管理平台。

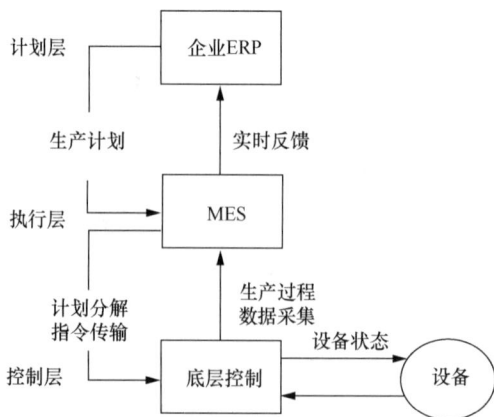

图 7-1　智能船舶车间三层结构

2. 大数据分析技术

大数据分析技术对于处理和分析智能制造中产生的海量数据具有重要作用。通过运用大数据分析技术，制造企业可以从产品设计与开发、生产计划与调度、质量控制与改进、运营管理与优化以及客户服务与反馈等方面进行转型升级。大数据分析技术可以帮助企业更准确地了解市场需求，优化生产过程、提高产品质量、提升运营效率、降低成本，实现个性化的客户服务和精细化的营销策略。

通过发挥大数据的潜力，企业可以实现产品创新、提升生产效率、改进质量、优化运营和提升客户满意度。随着技术的进步和创新，大数据分析技术在智能制造中的应用将更加广泛，在提升企业竞争优势的同时创造更多的价值。

3. 人工智能技术

人工智能技术在智能制造中的应用日益广泛，通过算法优化生产过程，可以实现自动化调参、故障预测、智能质检等功能，极大地提升了制造业的智能化水平。

人工智能技术依托于计算机强大的数据处理能力，能够模拟人的某些思维过程或智能行为，为智能制造提供了强大的技术支持。机器学习作为人工智能技术的重要分支，通过对大量数据的训练和学习，能够自动提取数据中的规律和关系，从而为智能制造提供智能决策支持。这种基于数据的学习和决策方式，使得机器能够不断优化自身性能，更好地适应复杂多变的制造环境。

例如，在质量控制方面，通过对产品质量数据的实时分析，机器学习算法能够及时发现并纠正生产过程中的质量问题，从而保证产品的稳定性和一致性。这种智能化的质量控制方式，不仅提高了产品的质量，还降低了因质量问题导致的生产成本和损失。

4. 自动化和机器人技术

自动化和机器人技术是智能制造的重要组成部分，通过应用工业机器人、智能装备等先进设备，实现了生产过程的自动化和无人化，极大地推动了制造业的转型升级。

自动化和机器人技术旨在实现对生产过程的全面自动化控制和管理。机器人技术是自动化领域的重要组成部分。它利用计算机和机械工程原理，设计制造出能够模拟人类某些动作能力的机械装置。这些机械装置不仅具备强大的物理能力，还能通过智能算法和传感器进行精准操作和判断，广泛应用于汽车制造、电子装配等多个领域。

5. 云计算和边缘计算

云计算和边缘计算共同为智能制造提供了高效的数据处理和存储能力，支持智能制造系统实现实时响应和智能决策。

云计算作为一种集中式计算方式，其核心在于将所有数据上传至云端数据中心进行处理。这种计算模式拥有强大的数据处理和存储能力，能够为智能制造提供海量的数据支持和计算资源。而边缘计算是一种将计算资源部署在靠近用户和数据源的网络边缘侧的计算方式。它能够实现低延迟、高带宽的数据处理服务，特别适用于需要实时响应和快速处理的场景。在智能制造中，边缘计算可以应用于实时数据分析、设备故障预测等关键环节，为生产过程提供及时、准确的数据支持。

　　云计算和边缘计算并非孤立存在，而是可以协同配合，共同构建高效的数据处理和分析体系。云计算负责处理大规模、复杂的数据任务，提供全面的数据分析和决策支持；边缘计算则负责处理实时、高频的数据任务，确保生产过程的实时响应和快速调整。这种协同配合的模式，为智能制造提供了强大的技术支持，使得生产过程更加智能化、高效化。

知识点 3　智能制造的应用

　　智能制造作为一种强大的创新力量，正深刻改变着传统制造业的面貌。从产品设计、生产制造到供应链管理，智能制造技术覆盖产品生命周期的各个环节。这一变革提升了生产效率和产品质量，增强了企业市场竞争力和可持续发展能力，为制造业转型升级开辟了新路径。

1. 智能产品

（1）产品开发

　　人工智能在智能产品开发过程中发挥着重要作用，通过自动化、优化和创新显著提升了产品开发的效率和质量。

　　在产品研发设计阶段，人工智能能够分析大量用户数据和市场趋势，帮助开发团队更准确地理解用户需求，预测市场变化，从而指导产品的初始设计和功能规划。在整个设计过程中，人工智能还可以通过机器学习技术识别设计中的潜在问题，提出改进建议，优化产品设计，使其更符合用户习惯和预期。此外，利用高度逼真的模拟技术，人工智能能够模拟产品在不同环境下的运行状态，准确预测其性能表现与用户体验，使开发团队能够提前发现问题并调整策略，确保产品具有竞争优势。

　　在产品测试阶段，人工智能可以自动执行包括单元测试、集成测试、系统测试和验收测试在内的全流程测试，极大地提升了测试的速度与全面性。借助先进的机器学习技术，人工智能能够快速发现并准确测试软件中的缺陷与漏洞，有效减少人为疏忽带来的测试盲点，提升产品质量。

　　产品上市后，人工智能能持续收集用户反馈和使用数据，分析产品的实际效果与用户期望之间的差距，为后续的版本迭代和产品优化提供数据支持。

　　Fusion 360 作为一款集成了 CAD（Computer Aided Design，计算机辅助设计）、CAM（Computer Aided Manufacturing，计算机辅助制造）和 CAE（Computer

Aided Engineering，计算机辅助工程）的创新设计软件平台，通过内置的人工智能和机器学习算法，实现了对传统设计流程的深刻变革。具体来说，该平台能够自动解析设计师输入的参数（如尺寸、重量、材料限制等），并利用大数据分析和优化算法，在短时间内生成多种设计方案。这些方案不仅满足基础设计要求，还能在造型、结构、材料使用和制造成本等多方面进行平衡优化，从而提升设计效率。

黄水晶信息科技公司（Citrine Informatics）通过运用人工智能技术来分析其庞大的材料数据库，为制造企业提供了强大的材料筛选和优化工具，显著减少了企业在新材料研发和产品迭代过程中的成本，同时使企业能够更快速地响应市场变化，推出更符合客户需求的新产品。通过深度学习算法分析材料的物理化学性质、性能表现及在不同应用场景下的表现，该公司的平台能够帮助企业精准匹配材料需求，优化产品设计，实现材料选择和制造工艺的双重优化。

（2）硬件产品

硬件产品是构成智能制造系统的基础，通过集成先进技术，实现生产过程的高度自动化、智能化和高效化。常见的硬件产品包括工业机器人、服务机器人、智能终端设备等。

以 KUKA 机器人（见图 7-2）为例，库卡公司作为全球领先的工业机器人制造商，其产品广泛应用于汽车制造、电子、金属加工等行业。在汽车制造中，KUKA 机器人可以执行焊接、装配、喷涂等高精度任务，显著提高生产效率和产品质量。

图 7-2 KUKA 机器人

2. 智能生产

智能生产依托多种先进技术和优化策略，其核心目标包括提升生产效率、降低运营成本、提高产品质量，从而增强企业市场竞争力。智能生产的特点如下。

（1）优化生产过程

智能生产系统利用传感器网络、射频识别以及工业互联网等技术，可以实时采集生产现场各环节的数据，包括设备状态、生产进度、物料消耗和产品质量等关键指标。随后通过大数据分析技术对这些数据进行深度挖掘和分析，发现生产过程中可能存在的问题以及潜在的可优化环节。

基于数据分析结果，构建智能决策支持系统（Intelligent Decision Support System，IDSS）。该系统为生产管理人员提供数据驱动的决策依据，帮助他们科学、准确地制定生产计划、优化资源配置，并更准确地预测市场需求。

（2）运用智能设备

通过先进技术，智能设备全方位赋能生产流程，显著提升生产效率、降低运营成本、优化产品质量，从而极大增强企业在市场中的竞争力。例如，机器人、自动化生产线等智能设备能够自动完成重复性高、劳动强度大的工作任务，大幅减少对人力的依赖。这不仅保障生产效率和稳定性，还为企业创造更加可持续和高效的生产环境。

申通快递与浙江立镖机器人公司联合研发的"小橙人"全自动分拣机器人，是智能设备在物流领域成功应用的典型案例。"小橙人"外形小巧精致，功能强大，能够自动且高效地完成快递包裹的分拣任务。它集称重、扫码、分拣三大核心功能于一身，每次扫码识别耗时不到一秒，并能以约 3 米/秒的速度，规划最优路径进行快速投递。值得一提的是，"小橙人"能够实现 24 小时不间断作业，极大提高了快递包裹的分拣量。

"小橙人"采用高度自动化的运行模式，内置精密的电量监测系统，能够实时监控电量状态。一旦电量降至预设阈值，"小橙人"会根据预设的导航路径自主行驶至充电区域，整个充电过程无需人工干预，真正实现了全自动化操作。充电完成后，"小橙人"续航时长可达 8 小时，确保持续、稳定、高效地执行分拣任务。

（3）智能检测

智能检测融合了先进的传感技术、机器学习、深度学习等科技手段，旨在对产品或制造过程中的各项关键参数进行实时、精准的监测、分析与判断。它不仅实现了质量检测与控制的自动化与智能化，更成为智能制造领域的核心环节，为确保生产过程的精细控制以及产品质量的稳定性提供坚实保障。

智能检测如同智能制造技术架构的"眼、耳、鼻"，赋予智能制造强大的感知能力。同时，它还为企业带来质量提升、工艺流程优化、设备健康管理等一系列集成应用的落地能力。没有智能检测设备和技术的有力支撑，智能制造将难以形成一个完整、高效的闭环。因此，智能检测无疑是智能制造中不可或缺的关键组成部分。

智能检测在智能制造中的应用场景极为广泛，能够对产品的外观、尺寸、性能等多个方面进行全面、深入的检测，从而确保产品质量严格符合既定标准。在汽车制造领域中，智能检测系统可以轻松完成零部件的高精度尺寸测量和缺陷检测任务，为汽车制造提供强有力的质量保障。在半导体制造领域中，智能检测系统同样发挥着举足轻重的作用。它能够实时监控生产线的温度、湿度、洁净度等关键环境参数，确保半导体产品的制造过程始终保持在最佳状态。

此外，智能检测还承担着对生产设备进行定期检测和维护的重要职责。通过应用智能检测技术，企业可以及时发现设备的潜在问题并进行预警处理，从而有效预防设备故障和停机事件的发生。这一项技术的应用不仅显著提高了检测速度和准确性，还大大降低了对人工检测的依赖，为企业节省了宝贵的人力成本和时间成本。同时，通过严格的质量检测流程，智能检测确保了产品质量的稳定性与可靠性。

3. 智能服务

智能服务是指借助现代信息技术、人工智能、大数据等前沿科技手段，为制造业量身打造高效、精准且个性化的服务解决方案。其核心目标在于全面提升制造业的整体竞争力，加速市场响应速度，并助力制造企业实现从单纯提供产品向提供"产品+服务"综合模式的转型升级。

智能服务的应用范围十分广泛，涵盖供应链的各个环节，包括采购、库存管理和物流等。通过实施智能化管理，供应链能够实现透明化、协同化和高效化。这不仅大幅降低了运营成本，更显著提升了供应链的整体竞争力。

对于用户而言，智能服务平台宛如一座桥梁，将他们与专业的技术支持和解决方案紧密连接。无论何时何地，用户都能迅速获取所需帮助，轻松解决服务中的各种问题。智能服务平台还具备实时监测设备状态的能力，能够进行故障诊断和预测性维护。这意味着潜在问题能够被提前发现并解决，从而大大减少了设备故障对用户造成的困扰和影响。

美团外卖作为国内领先的外卖服务平台，面临复杂且多变的订单分配问题和骑手调度挑战。为了进一步提升配送效率和服务质量，美团外卖研发并实施了智能调度系统。这一系统充分利用了大数据分析技术和机器学习技术，能够实时预测订单需求和精准定位骑手位置。通过先进的优化算法和智能分配策略，系统实现了订单的快速、准确分配以及骑手的合理、高效调度。同时，系统还引入了实时通信和先进的导航技术，为骑手提供清晰、准确的配送路线和即时导航支持。这一系列创新举措显著提升了外卖配送的效率和服务质量，大幅缩短了配送时间。不仅如此，骑手的配送效率和收入也得到了明显提高，从而进一步增强了骑手的满意度和忠诚度，为美团外卖的持续发展和市场竞争力的提升奠定了坚实基础。

✍ 扩展阅读

云南白药牙膏智慧工厂

云南白药牙膏智慧工厂作为数字化转型的典范，采用了世界先进的物料输送、制膏、灌装等生产设备，并深度融合物联网技术，成功搭建企业生产、配送、销售信息化平台。这一平台实现了管理信息系统与现场设备的无缝对接，真正让生产设备实现自动化操作。基于信息化与自动化的深度融合，所有生产管理任务都可以在中央集中控制室内轻松完成，只需简单操作即可实现全面监控与管理。

云南白药在数字化转型的道路上不断前行，致力于以客户为中心，通过云计算、大数据、人工智能、5G、物联网等技术驱动企业创新发展。公司将从面向功能的流程转变为面向打通客户场景的流程，不仅推动企业管理变革和组织发展，还建立了统一的"数据底座"和治理策略，构建了以数据为基础的智能决策系统。

在营销方面，药品事业群通过主题活动项目联动线上线下，深耕以用户价值为导向的营销场景；中药资源事业群则通过数字三七产业平台深度连接用户与三七产业参与者，实现了自动化生产，并形成了产业生态圈。

在人才管理方面，公司构建了ONE-BY数字化人才全生命周期管理平台，并制定了人力资源数字化转型战略。通过场景化、自动化、集团化、角色化、数据化的逐步实施，云南白药实现了人力资源数字化的全面落地，为企业的发展提供了坚实的人才保障。

学习任务 3　智慧农业

知识点 1　概述

智慧农业是一种在相对可控的环境条件下，借鉴并融合工业化生产模式，旨在实现集约高效与可持续发展的现代化农业生产方式。它深度整合了现代生物技术、农业工程技术、农用新材料技术以及信息技术等多学科领域的成果，以现代化农业设施为基础支撑，展现出高度的技术规范和集约化规模经营的特点，带来显著的经济效益和社会效益。

智慧农业的关注点不仅限于农业生产过程的自动化和智能化，还广泛涵盖科研、生产、加工、销售等多个环节，形成一条完整且高度一体化的农业产业链。这种一体化模式使智慧农业能够实现从田间到餐桌的全程可追溯性，有效保障农产品的质量和安全。

相较于传统农业，智慧农业具有以下特点和优势。

（1）高度集成化：智慧农业将科研、生产、加工、销售等多个环节紧密集成，实现全年不间断、全天候运营以及反季节的企业化规模生产。这种集成化的生产模式不仅显著提高了农业生产效率，还使农产品能够更加多样化、个性化地满足市场需求。

（2）技术先进：智慧农业依托现代生物技术、农业工程、信息技术等高科技手段，不仅提高了农产品的品质和产量，还为农业生产带来更多创新和发展机遇。

（3）高效益：通过精准化种植、智能化管理等先进方式，智慧农业显著提高了土地产出率和劳动生产率，实现农业生产的集约化、高效化和可持续发展。这种高效益的生产方式不仅降低了农业生产成本，还提高了农民的收入和生活水平。

（4）环保节能：智慧农业注重减少化肥和农药的使用量，以降低对环境的污染，同时积极利用太阳能等可再生能源为农业生产提供动力支持。这种绿色、环保的生产方式不仅保护了生态环境，还为农业生产的可持续发展奠定了坚实基础。

知识点 2　核心技术

智慧农业作为现代农业发展的重要方向，集成了多种关键技术以实现农业生产的高效、精准和可持续发展。

1. 物联网技术

物联网技术是智慧农业的核心技术之一。通过部署在农业生产现场的各种传感节点（如环境温湿度、土壤水分、二氧化碳浓度、光照强度等传感器）以及无线通信网络，能够实现对农业生产环境的智能感知。这些传感器实时采集的数据经过汇总和分析后，可以为农业生产提供精确的管理决策依据。

2. 精准农业技术

精准农业技术旨在通过精确管理农业生产过程中的各种要素（如土壤、水分、养分、种子、农药等），提高农业生产效率和资源利用率。精确管理包括精准播种、精准施肥、精准灌溉、精准用药等。通过全球定位系统导航、变量控制等技术，实现农业作业的精准化、自动化和智能化。

3. 智能农机装备

智能农机装备是智慧农业的重要组成部分。这些装备集成了先进的传感器、控制器和执行器等部件，能够实现自主导航、精准作业、远程监控等功能，例如，无人驾驶拖拉机、智能播种机、智能收割机等。这些装备的应用大幅提高了农业生产的效率和精准度。

4. 大数据与人工智能技术

大数据和人工智能技术在智慧农业中发挥着越来越重要的作用。通过对农业生产过程中产生的大量数据进行收集、处理和分析，可以挖掘出有价值的信息和规律，为农业生产提供科学决策支持。同时，人工智能技术还可以应用于农业病虫害识别、作物生长预测、智能灌溉控制等领域，实现农业生产的智能化管理。

5. 遥感与卫星技术

遥感与卫星技术为智慧农业提供宏观监测手段。通过卫星影像和遥感数据，可以实时获取农田的生长状况、病虫害情况、草害分布、土壤墒情等信息，为农业生产提供全面的监测和评估。这些技术对大面积农田的管理和决策具有重要意义。

6. 云计算技术

云计算技术为智慧农业提供强大的数据处理和存储能力。通过将农业生产过程中的各种数据上传至云端服务器进行处理和分析，可以实现数据共享与协同工作。同时，云计算技术还能够为智慧农业提供灵活的计算资源和可扩展的服务支持，以满足农业生产过程中的多样化需求。

知识点3 智慧农业的应用

1. 智能化农业生产机器人

智能化农业生产机器人作为人工智能技术在农业领域的杰出代表，正在引领农业生产方式的深刻变革。这类机器人融合了机器视觉、传感器技术和自动控制技术，将农田作业推向智能化与自动化的方向，大幅提升农业生产的精准度和效率。

长期以来传统农田作业高度依赖人力经验，难以实现精准且一致的管理。然而，智能化农业机器人凭借其搭载的多种传感器和高清摄像头，能够对农田进行全方位监测，精准识别作物的生长状况、土壤条件以及病虫害情况，从而实现对作物生长环境的精细监控和科学管理。

通过精准的定位系统和作业规划算法，智能化农业生产机器人能够自主完成种植、施肥、除草、喷洒农药等一系列农田作业。这不仅显著提高了作业的精度和效率，还有效降低农业生产对人力的依赖，明显减少了劳动成本，从而进一步提升农业生产的整体效能。

更为便利的是，农民可以通过手机或计算机等智能设备远程控制这些机器人，实现远程监控和智能调度，使农业生产更加灵活高效。这种智能化的管理方式使农民能够随时掌握农田状况，及时应对各种突发情况，确保农田作业的顺利进行和生产目标的实现。

此外，智能化农业生产机器人还具备强大的实时监测和数据分析能力。通过持续收集农田环境数据并进行深入分析，机器人能够及时发现作物的生长问题和病虫害迹象，迅速采取相应的处理措施，确保作物的健康生长和稳定产量。同时，由于机器人的作业精度较高，能够大幅减少作物的损伤和浪费，因此智能化农业生产机器人的应用显著提升农产品的整体品质和市场竞争力。

例如，如图 7-3 所示，采摘柑橘机器人由一台装有计算机的拖拉机、一套光学视觉系统和一个机械手组成。通过先进的图像识别技术，机器人能够根据柑橘的大小、形状和颜色判断柑橘是否成熟，进而决定采摘时机。它的工作速度极快，每分钟可采摘柑橘 60 个，而人工采摘每分钟仅能采摘 8 个左右。不仅如此，采摘柑橘机器人还通过机械手上装配的视频设备，能够在采摘瞬间对柑橘按照大小进行精准分类，大大提高了采摘与分拣的一体化作业效率。

图 7-3　采摘柑橘机器人

2. 自动化灌溉系统

自动化灌溉系统（见图 7-4）作为智慧农业的重要应用之一，在设施农业中占据举足轻重的地位。该系统凭借先进的传感器技术，能够实时监测土壤湿度和作物需水量两个关键指标，从而实现对植物的精准灌溉，确保作物在最佳水分条件下生长。

图 7-4　蔬菜基地节水喷灌系统

该系统的核心功能包括实时监测土壤水分状况、精确计算作物需水量以及自动控制灌溉设备等多个方面。具体而言，系统利用广泛分布的传感器网络，实时采集土壤湿度、温度以及其他相关数据，对作物的水分状况进行全面而精准的评估。这一功能有效避免了因灌溉不当导致的作物生长问题，如过度灌溉引发的根部病害或水分不足造成的生长迟缓。

此外，该系统还采用先进的智能算法，综合考虑作物生长阶段、气象条件、土壤类型以及作物种类等多种因素，精确计算作物在不同生长阶段的实际需水量。根据这一需水量，系统能够自动调节灌溉设备的工作方式和出水量，从而确保作物获得恰到好处的水分供应。

通过智能化控制的自动化灌溉系统，农业生产者不仅能够显著提升农作物的产量与品质，满足市场对高质量农产品的需求，还能有效减少水资源浪费，降低生产成本。更重要的是，这项技术的应用有助于推动农业生产向更加可持续的方向发展，实现经济效益与环境保护的双重目标。

例如，甘肃省金昌市长期面临水资源短缺的挑战。为了应对这一挑战，金昌市积极引进并大力推广智能化灌溉技术，通过科技创新提升农业灌溉效率，从而实现节水增效目标。

智能化灌溉系统主要由"一中心、四系统"构成，其中"一中心"指现场物联网中心，它如同系统的"大脑"，负责收集、处理和分析来自田间各类监测设备的数据。"四系统"包括苗情监测系统、气象监测系统、首部管理系统以及田间系统。苗情监测系统能够实时监测作物的生长状况，为灌溉决策提供科学依据；气象监测系统负责监测降水量、温度、湿度等气象条件，以便及时调整灌溉计划；首部管理系统用于控制灌溉系统的启动、停止和参数设置；田间系统则由电磁阀智能控制单元、流量计等设备组成，实现灌溉水的精确分配和计量。

在智能化灌溉技术的实施过程中，金昌市引入了智能电动球阀等先进设备，并通过物联网技术和无线传输技术实现远程操控和自动化管理。传感器实时监测土壤墒情、作物需水量等关键参数，为精准灌溉提供可靠的数据支持。同时，结合大数据、云计算等技术，对灌溉数据进行深度挖掘和分析，持续优化灌溉策略，提高灌溉效率。

基于实时监测的气象、墒情、用水量等数据，智能化灌溉系统能够为每种农作物提供合理的灌溉施肥标准。在多农户地块混合的条件下，系统可实现分区域精准控水与施肥一体化灌溉，将灌水量精确分配到每一户。通过智能控制单元和流量计，系统能够精确控制灌溉水量和施肥量，有效减少资源浪费，提高资源利用效率。

相比传统灌溉方式，智能化灌溉系统展现出显著的节水效果。通过精确控制灌溉量和灌溉时间，该系统有效减少水资源的浪费，节水率可达 30%以上。这不仅为金昌市缓解了水资源短缺问题，还为农业的可持续发展奠定坚实的基础。同时，智能化灌溉系统的推广和应用显著提高了农业生产效率，降低了人工劳动强度，为农户带来了实实在在的经济效益。

3. 病虫害监测与预警系统

农作物病虫害的监测与预警在农业生产中具有举足轻重的地位，其准确性和及时性直接影响着农作物的产量和质量。作为智慧农业的核心组成部分，农作物智能监测预警技术不仅极大地提升了病虫害监测的效率和准确性，更在保障农业生产安全、维护国家粮食安全方面发挥着不可替代的作用。对农作物病虫害的有效监测与控制，不仅是一项关乎国家农业可持续发展的战略任务，更是直接关系到国家民生福祉和社会稳定的重大事务。

病虫害监测预警系统，通过部署在农田中的传感器、摄像头等监测装置，能够实时监测农田中的病虫害情况。这些设备可以收集大量环境数据，如温度、湿度、光照等，以及病虫害的图像信息。系统基于这些数据，运用先进的图像识别和模式识别技术，对病虫害进行精准识别和监测。一旦发现病虫害具有扩散趋势或达到预警阈值，系统将立即发出预警信号，通知农民或农业管理部门及时采取防治措施，病害虫识别过程如图 7-5 所示。

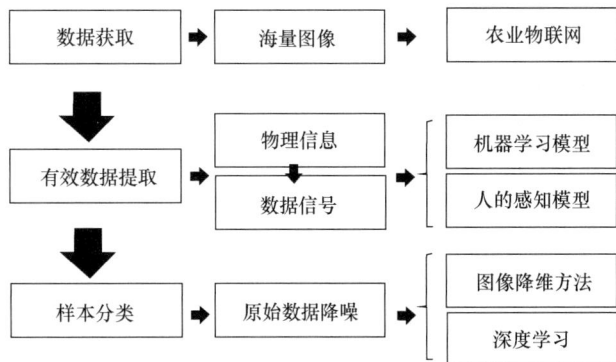

图 7-5　病虫害识别过程

系统不仅提供病虫害的实时监测数据，还能基于历史数据和当前监测结果，运用数据分析模型对病虫害的发生趋势进行预测。这些预测信息包括病虫害的种类、密度、扩散范围等，为农民和农业管理部门提供了科学的决策支持。农民可以根据预警信息，有针对性地制定防治方案，减少农药的盲目使用，提高防治效果。

由华中农业大学城市与园艺昆虫学研究所研发的柑橘木虱虫情监测预警系统已在广西等地进行了演示和示范应用，如图 7-6 所示。该系统由虫情监测仪、环境因子监测装置、物联网无线传输系统、害虫数据库、害虫智能识别与统计系统及客户端应用组成。系统能够综合运用色板、诱剂、光源等多种引诱方式，实现靶标害虫的诱集，并在无人监管的情况下自动完成诱虫、拍照传输和数据统计等操作。通过物联网技术，用户可以在客户端应用中远程实时查看害虫监测情况，并接收预警信息。

图 7-6　柑橘木虱虫情监测系统

智慧农业的应用涵盖了农业生产的多个方面。从精准管理到资源优化，从病虫害防控到农产品质量追溯，都充分体现科技在提升农业生产效率和可持续性方面的重要作用。随着技术的不断进步和创新，智慧农业的应用前景将更加广阔。

学习任务 4　智慧金融

从最初的简单货币交易，到后来的银行、证券、保险等多元化金融业态的发展，金融行业始终是推动经济发展的重要力量。当前，在科技发展的背景下，金融行业正经历着一场前所未有的变革，即向智慧金融的转变。

智慧金融时代的来临，正在以前所未有的方式改变金融行业。智能投顾、智能风控、智能客服等智能化金融服务的出现，不仅提高了金融服务的效率与质量，还为用户带来了更加个性化、精准化的体验，对社会发展产生了深远影响。

知识点 1　概述

1. 概念

智慧金融是指人工智能技术与金融行业的深度融合。该模式以人工智能、大数据、云计算、区块链等前沿技术为核心，通过技术赋能金融机构，提升服务效率，拓展服务范围和深度，实现金融服务的智能化、个性化和定制化，使全社会都能获得更加平等、高效、专业的金融服务。

2. 特点

智慧金融作为金融科技的重要应用领域，依托大数据技术和人工智能技术，能够实现精准的风险评估和信用评级，大幅提升金融服务的效率和安全性。通过区块链技术的应用，智慧金融建立了去中心化的信任机制，使交易过程更加透明可靠。智慧金融不仅优化了传统金融服务模式，也为金融创新开辟了新的发展空间。随着 5G、物联网等新技术的融合应用，智慧金融将发挥更大作用，为经济社会发展提供更高效的金融服务。

（1）数据驱动

智慧金融的核心在于对海量金融数据的深度挖掘与分析。通过大数据技术，金融机构能够实时获取、存储和处理各类金融数据，包括交易记录、客户行为和市场趋势等。这些数据为金融机构提供了丰富的信息来源，使其能够更准确地把握市场动态，为业务决策提供科学依据。

（2）智能化决策

智慧金融借助人工智能技术（如机器学习和深度学习等）实现了决策的智能化。这些算法能够模拟人类思维进行复杂决策，不仅提高了决策效率，还降低了人为错误的风险。通过智能化决策，金融机构能够更快速地响应市场变化，制定更精准的业务策略。

（3）个性化服务

智慧金融能够根据客户的个性化需求和偏好，提供定制化的金融产品和服务。通过数据分析，金融机构可以深入了解客户的行为模式、消费习惯和投资偏好，从而提供更贴合客户需求的金融服务。这种个性化服务不仅能提升客户体验，还能增强客户黏性和忠诚度。

（4）高效运营

智慧金融通过应用智能化技术，使金融业务流程更加自动化和高效。无论是支付、信贷、投资还是保险业务，智慧金融都能实现快速响应和高效处理。借助自动化流程和智能化管理，金融机构可以降低运营成本，提高业务处理效率，从而为客户提供更便捷、更高效的金融服务。

（5）风险可控

智慧金融通过先进的风险管理技术和实时监测系统，能够有效识别并控制金融风险。这些技术和系统可对金融市场进行实时监测与预警，及时发现潜在风险，并采取相应的控制措施。这有助于金融机构在保障业务稳健发展的同时，降低不良资产和损失。

（6）创新驱动

智慧金融的持续创新推动了金融行业的变革与发展。无论是新技术的应用、新业务的拓展，还是新模式的探索，智慧金融均展现出强大的创新活力。通过不断创新，智慧金融不仅能提供更优质、高效的金融服务，还能推动金融行业的整体进步。

知识点 2　核心技术

智慧金融作为金融科技的前沿领域，其核心技术包括人工智能技术、大数据技术、云计算技术和区块链技术等。

1. 人工智能技术

人工智能技术是智慧金融的核心驱动力。通过机器学习、自然语言处理、图像识别等技术手段，人工智能技术能够深度挖掘和分析金融数据。这不仅为金融机构提供了更科学的决策支持，还能使金融服务更加智能化和个性化。在智慧金融领域中，人工智能技术的应用不断推动着金融业务的创新与发展。

2. 大数据技术

大数据技术的应用使金融机构能够高效地收集、存储、处理和分析海量金融数据。这些数据涵盖交易记录、客户行为、市场趋势等多个维度，为金融机构提供丰富的信息来源。通过深度挖掘这些数据，金融机构能够发现潜在的市场机会与风险点，从而为精准营销和风险控制提供强有力的支持。

3. 云计算技术

云计算技术为金融机构提供强大的计算能力和灵活的存储资源。这使得金融机构能够轻松应对业务高峰期的需求变化，确保金融服务的稳定性和连续性。同时，云计算技术还有效降低了金融机构的 IT 成本，提高了业务处理效率，为智慧金融的发展奠定坚实的基础。

4. 区块链技术

区块链技术凭借其透明性、不可篡改性和去中心化特性，在金融领域展示出独特优势。通过应用区块链技术，金融机构能够降低交易成本，提高交易透明度，并增强金融服务的可信度。在资产证券化、供应链金融等领域，区块链技术展示出广阔的应用前景，为智慧金融的创新与发展注入新的活力。

知识点 3 智慧金融的应用

智慧金融作为金融科技的前沿领域，正以其独特的魅力和广泛的应用场景，引领金融行业的深刻变革。这一新兴领域不仅深度融合了人工智能技术、大数据技术、云计算技术等先进技术，还通过创新的应用模式和服务形态，为金融行业带来前所未有的发展机遇与挑战。

智慧金融的核心优势在于能够重塑金融服务。从智能支付、智能投顾到智能风控、智能客服，智慧金融已经全面渗透金融行业的各个角落，为消费者提供了更加便捷、高效的金融服务体验。

1. 智能支付

智能支付作为智慧金融的重要应用之一，正以其便捷性和高效性，逐渐改变人们的支付习惯，成为现代金融体系中不可或缺的一部分。

智能支付利用人工智能技术、大数据技术、云计算技术等先进技术，实现支付过程的智能化和自动化。与传统支付方式相比，智能支付具有更高的安全性和便捷性，能够为用户提供更加个性化的支付服务和高效的支付体验。

利用人工智能技术，智能支付系统能够实时识别用户的支付需求和意图，并快速响应用户的支付指令。利用大数据技术和云计算技术，智能支付系统能够实时处理和分析海量支付数据，从而确保支付的准确性和高效性。利用先进的加密技术和安全措施，智能支付系统能够保障用户资金的安全，有效防范支付过程中的欺诈和盗刷行为。

在金融领域中，智能支付已经得到了广泛的应用。例如，智能手机支付、智能手表支付等新型支付方式的出现，使用户能够随时随地完成支付操作，极大地提高了支付的便捷性。同时，智能支付还广泛应用于多种金融场景，如网购支付、转账汇款、生活缴费等，为用户提供更加全面、细致的支付服务。

2. 智能投顾

智能投顾是通过分析投资者的风险偏好、财务状况和投资目标等信息，为其提供个性化的投资建议和资产配置方案。与传统投顾相比，智能投顾具有更低的门槛、更高的效率和更广泛的服务范围。

智能投顾的工作原理主要基于机器学习、自然语言处理、语音识别、优化算法、决策模型等关键技术。首先，通过机器学习，智能投顾能够处理和分析海量的金融数据，从中挖掘具有价值的投资信息和趋势；其次，借助自然语言处理和语音识别，智能投顾能够与投资者进行互动，理解其投资需求和偏好；最后，通过优化算法和决策模型，智能投顾能够为投资者提供优化的投资建议和资产配置方案。

在金融领域中，智能投顾已经得到了广泛应用。对于普通投资者而言，智能投顾提供了一种便捷、低成本的投资理财方式。例如，绩牛智能投顾工具围绕投资者决策的全场景需求，提供 50 多款智能投顾工具供投资者选择，基本适用于各类市场行情，涵盖人工智能策略、智能选股、信号择时、智能数据分析以及诊股评分等多种功能模块。

扩展阅读

国海证券：智能投顾服务产品阵列

秉承科技创新为"引领者"的理念，国海证券积极响应中央金融工作会议号召，致力于实现"普惠金融、数字金融"的目标。通过主动探索科技创新驱动业务发展的新模式，国海证券以数字金融创新为引擎，积极推动公司的数字化转型。其"智能投顾服务产品阵列"作为这一转型的卓越成果，成功入选中国上市公司协会 2024 年度"中国上市公司数字化转型最佳实践入围案例——场景创新典型案例"。

"智能投顾服务产品阵列"以大数据为基础，以智能策略为核心驱动力，通过自主研发实现了智能投顾线上服务产品的全面覆盖。该阵列为客户提供量化投顾、工具投顾、资讯投顾以及技术型投顾等多元化服务。与传统投顾服务相比，该产品阵列具有全自动化、无情绪干扰、快速捕捉市场机会以及服务客户数量无上限等显著优势。

此外，"智能投顾服务产品阵列"在投顾策略开发效率方面也取得了显著突破。原本需要 6 个月才能完成的单一产品开发周期，如今已缩短至约 1 个月。这一变革极大释放了投资顾问的精力，同时显著提高了策略的投产效率。

据报道，截至 2023 年 12 月 31 日，国海证券的"智能投顾服务产品阵列"已取得显著成效，共创收约 43 万元，签约客户数量超过 600 人，签约资产规模更是达到 1.6 亿元。这一成功案例不仅展示了国海证券在智能投顾领域的实力和创新精神，也为金融行业提供了宝贵的数字化转型经验和启示。

3. 智能风控

在金融领域中，风险管理无疑占据举足轻重的地位。随着金融科技的迅猛发展，智能风控作为一种新兴的技术手段，正在逐步革新金融机构的风险管理方式，引领着风险管理的新潮流。

智能风控的核心在于利用人工智能等先进技术，对金融业务中的风险进行智能化识别、评估与防控。它综合运用了机器学习、深度学习等算法，对海量数据进行深度挖掘与分析，实现了对潜在风险的实时监测与精准预测，从而有效提升了金融机构的风险管理效率与水平。智能风控的内涵丰富，体现在其综合性、智能性与动态适应性上。它能够全面覆盖金融业务的各个环节，确保金融市场的稳定运行。

以腾讯金融为例，它充分发挥人工智能技术的强大优势，通过对用户交易行为、社交网络互动以及其他多维度数据的全面分析，构建了更加精细化、立体化的用户画像。这一创新举措不仅显著提高了腾讯金融在个体信用风险判断上的准确性，还使其在风险管理方面更加精准高效，为用户提供了更安全、可靠的金融服务。

同样，招商银行在智能风控方面取得了显著成果。通过引入先进的人工智能风险模型，招商银行显著提升了客户信用风险的判断准确度。该模型能够深入分析客户的交易历史、信用记录及其他相关数据，从而更加全面、深入地评估每位客户的信用状况。借助这种智能化的风险评估手段，招商银行不仅能够更精准地预测贷款违约风险，还有效提升了其风险管理能力和信贷业务质量，为银行的稳健发展奠定坚实基础。

智能风控在实际金融场景中的应用非常广泛且深入。它不仅提高了金融机构的风险管理效率和水平，还为金融市场的稳定和安全提供重要保障。随着金融科技的不断发展与创新，智能风控的应用场景和效果必将持续拓展和优化。

4. 智能客服

随着互联网的广泛应用，企业客服平台所承载的客户需求呈现前所未有的增长态势。在此背景下，传统的人工客服模式逐渐暴露其局限性，难以有效应对海量的用户咨询需求。相比之下，智能客服凭借其高效能、大规模服务能力脱颖而出，成为应对这一挑战的关键方案。

智能客服具备强大的处理能力，能有效满足众多用户的多样化需求。其全年无休、全天候待命的服务模式，不仅显著提升用户满意度，还为企业降低了运营成本。

更为重要的是，智能客服凭借数据分析与机器学习技术，能够持续优化服务质量。通过系统地收集、整理并分析用户的咨询数据，智能客服不断学习、自我完善，提升了回答问题的准确性与效率。这种持续学习与适应的能力，使智能客服能够紧跟用户需求的变化与市场趋势的发展，提供更加个性化、精准化的服务。正因如此，越来越多的企业倾向于采用智能客服，为用户提供更加高效、大规模的优质服务。

例如，平安保险通过"平安金管家"这一数字平台，推出了智能语音机器人 AskBob。AskBob 不仅能够 24 小时随时响应，还能够利用内置的人工智能技术，精准理解客户的意图，分析客户的需求。无论是咨询保险政策、查询保单状态，还是进行理赔申请，AskBob 都能迅速提供准确、详尽的解答，避免了人为沟通中的误解和时延，从而确保服务的精准度和时效性。

AskBob 还支持对话式沟通，与客户之间的交流如同与真人对话一般自然流畅。这种人性化的交互方式不仅让客户感受到了前所未有的亲切感，也极大地提升了服务的便捷性和易用性。

学习任务 5　挑战与未来发展

知识点 1　人工智能在经济发展中面临的挑战

随着科技的飞速发展，人工智能已成为推动全球经济发展的重要动力。然而，在促进产业升级和经济转型的过程中，人工智能在经济发展中也面临诸多挑战。

1. 技术层面的挑战

（1）模型持续学习能力不足

主流的人工智能模型，尤其是基于神经网络架构的模型，在初次训练后学习能力相对固定，缺乏如同人类大脑那样的持续自我学习和进化能力。这使得企业在面对新数据或需求变化时，不得不投入大量资金和时间重新训练模型。

（2）高能耗困境与计算资源限制

深度学习和机器学习对计算资源的需求极为庞大，高能耗问题已成为限制其广泛应用的关键因素之一。尽管云计算和并行处理系统在一定程度上缓解了这一问题，但高昂的计算成本依然让许多企业望而却步。随着数据量的急剧增长和算法复杂度的不断提高，计算资源短缺问题愈加突出。

（3）数据质量较低与隐私保护困难

高质量的数据是人工智能模型性能的关键。然而，在现实中，获取高质量的数据往往非常困难。同时，数据隐私保护问题日益受到关注，如何在保障用户隐私的前提下有效利用数据已成为亟须解决的难题。

2. 经济层面的挑战

（1）高昂的研发与应用成本

人工智能技术的研发与应用需要投入大量资金，包括硬件采购、软件开发、人才培养等方面。高昂的成本使许多中小企业难以承受，限制了人工智能技术在中小企业的普及和应用。

（2）产业转型升级的压力

随着人工智能技术的不断发展，传统行业面临转型升级的压力。企业需要引入人工智能技术以提高生产效率和市场竞争力，但这往往伴随着巨大的转型成本和风险。平衡短期利益与长期发展目标是企业面临的重要问题。

（3）市场竞争与人才短缺

人工智能技术的快速发展加剧了市场竞争，企业需要不断创新以保持竞争优势。然而，人工智能领域专业人才短缺问题日益严重，难以满足企业快速发展的需求。同时，高端人才的争夺也进一步增加了企业的运营成本。

3. 社会层面的挑战

（1）伦理与法律问题

人工智能技术的广泛应用带来了诸多伦理和法律问题，如算法偏见、隐私侵犯、责任归属等。这些问题不仅影响用户体验和社会信任度，还可能引发法律纠纷和社会不稳定。因此，建立和完善人工智能伦理与法律体系十分必要。

（2）就业结构变化与技能转型

人工智能技术的普及和应用将对就业结构产生深远影响，部分传统岗位将可能被自动化机器取代，导致失业问题加剧。同时，新兴岗位对人才技能的要求不断提高，劳动者须具备更高的数字化技能和创新能力。加强职业教育和技能培训是缓解就业压力的重要途径。

（3）公众认知与接受度

尽管人工智能技术已广泛应用于社会各个领域，但公众对人工智能技术的认知和接受度仍存在较大差异。部分人群对人工智能技术持怀疑态度，担心其可能带来的负面影响。因此，加强科普宣传和教育引导，提高公众对人工智能技术的认知度和接受度具有重要意义。

知识点 2　未来发展

人工智能，作为新一代信息技术的核心驱动力，引领着经济社会的创新变革。它不仅能够通过跨界融合打破传统行业的界限，还能够在协同创新中激发出前所未有的潜力。这种创新力量，将催生出一系列新兴产业和全新业态，它们如同新鲜血液，为经济增长带来持续动力。

人工智能的广泛应用，无疑为传统产业的转型升级提供了强大动力。在其推动下，传统产业正焕发出新的生机，正逐步实现转型升级。这不仅提升了整个经济体系的竞争力，还为经济的可持续发展奠定了坚实基础。

在生产效率方面，通过智能化、自动化的生产流程，人工智能显著减少了人力投入，同时大幅提高了生产的精度和效率。这种生产效率的飞跃不仅为企业降低了生产成本，还使它们在激烈的市场竞争中脱颖而出，实现了更高质量的发展。可以说，人工智能已经成为企业提升市场竞争力、实现可持续发展的重要工具。

此外，人工智能在资源配置方面同样展现出卓越的能力。它能够实时分析市场供需情况，并通过智能调度和精准匹配等技术手段实现资源的高效利用。这种优化不仅有效避免了资源的浪费和短缺，还使得经济活动更加平稳有序地进行。因此，人工智能在推动经济可持续发展方面发挥着举足轻重的作用，为经济的繁荣与稳定贡献了重要力量。

【学习小结】

本学习主题介绍了人工智能在经济领域中的基础概念、核心技术及其广泛应用。人工智能通过提高生产效率、降低成本、催生新兴产业以及推动传统产业转型升级，对经济发展产生了深远影响。智能制造、智慧农业和智慧金融作为人工智能应用的重要领域，展示了人工智能技术在提升生产效率、优化资源配置及实现个性化服务方面的巨大潜力。然而，人工智能的发展也面临技术、经济和社会层面的挑战。未来，随着技术的不断进步，人工智能将在经济领域发挥更加重要的作用，推动经济高质量发展。

【思考与练习】

一、选择题

1. 下列哪项不属于人工智能在经济领域的应用？（　　）

　　A. 智能制造　　　B. 智慧农业　　　C. 传统手工艺　　　D. 智慧金融

2. 智能制造的核心技术不包括（　　）。

　　A. 物联网及传感技术　　　　　　B. 人工智能和机器学习

　　C. 传统机械工程技术　　　　　　D. 自动化和机器人技术

3. 智慧金融中，利用大数据分析技术可以实现以下哪项功能？（　　）

　　A. 实时语音翻译　　　　　　　　B. 精准市场预测

　　C. 手工艺术品制作　　　　　　　D. 传统银行业务自动化

4. 下列关于智慧农业的描述中，错误的是（　　）。

　　A. 智慧农业可以实现农业生产过程的自动化和智能化

　　B. 智慧农业注重环保和节能，减少化肥和农药的使用

　　C. 智慧农业无法实现农产品的全程可追溯

　　D. 智慧农业能够显著提高农产品的产量和质量

二、填空题

1. 智能制造通过_____、_____和_____等技术手段，实现了生产过程的智能化和自动化。

2. 智慧金融的核心要素包括_____、_____、_____和_____等先进技术。

3. 在智慧农业中，_____技术是实现精准农业的关键，它通过对农业生产要素的精确管理来提高资源利用率。

4．人工智能模型在初次训练后学习能力相对固定，缺乏_____能力，这是当前人工智能技术面临的主要挑战之一。

三、论述题

1．简述智能制造如何帮助提升生产效率并降低成本。

2．列举并解释智慧金融中的两种主要应用及其带来的好处。

3．分析智慧农业相比传统农业的优势，并讨论智慧农业的发展对农村经济和环境保护的影响。

4．讨论人工智能技术在经济发展中面临的挑战，并提出至少两条应对策略。

学习模块Ⅳ
人工智能素养提升

人工智能素养提升 ── 未来探索——人工智能与未知世界的对话
- 数据隐私与保护
- 人工智能伦理与风险
- 人工智能法律问题
- 人工智能职业规划

PART 08

未来探索
——人工智能与未知世界的对话

【学习导读】

　　人工智能在未来拥有广阔的探索空间和发展潜力。随着深度学习、强化学习等算法的不断优化和硬件设备计算能力的提升，量子计算、神经形态计算等前沿技术的进步，人工智能将在智能制造、智慧医疗、智能交通、智慧金融、智慧校园等领域带来深刻变革，可谓机遇与挑战并存。未来人们需要具备哪些人工智能素养，以及如何进行新的职业生涯规划，这些都是值得深入思考的问题。同时，我们也需要关注并解决人工智能发展过程中出现的伦理、法律和社会问题，以确保其健康、可持续的发展。

学习目标
- 了解数据隐私与保护。
- 熟悉人工智能素养与职业规划。

素养目标
- 培养学生关注社会问题的意识，增强学生的法治观念和社会责任感。
- 了解人工智能时代的新挑战与新机遇，提升学生的人工智能应用与伦理素养。

【思维导图】

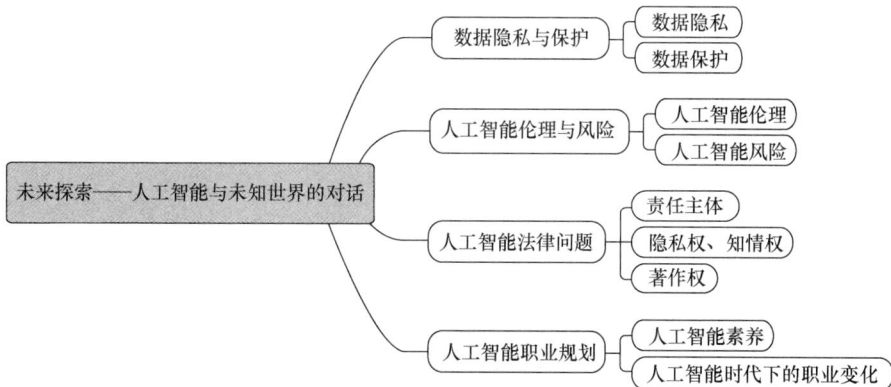

未来探索——人工智能与未知世界的对话
- 数据隐私与保护
  - 数据隐私
  - 数据保护
- 人工智能伦理与风险
  - 人工智能伦理
  - 人工智能风险
- 人工智能法律问题
  - 责任主体
  - 隐私权、知情权
  - 著作权
- 人工智能职业规划
  - 人工智能素养
  - 人工智能时代下的职业变化

扩展阅读

中国"九章"量子计算机

　　2020 年 12 月 4 日，国际学术期刊《科学》发表了中国科学技术大学潘建伟院士、陆朝阳教授等组成的研究团队与中国科学院上海微系统与信息技术研究所、国家并行计算机工程技术研究中心合作构建的量子计算原型机"九章"，如图 8-1 所示，这一成果标志着我国在量子计算研究领域取得了首个重要突破——实现了量子计算优越性。

图 8-1　中国"九章"量子计算机

　　2019 年，美国谷歌公司研制出 53 个量子比特的计算机"悬铃木"，在全球首次实现量子优越性。2020 年，潘建伟团队构建 76 个光子的量子计算原型机"九章"，使中国成为全球第二个实现量子优越性的国家。量子优越性，是指新生的量子计算原型机，在某个问题上的计算能力超过了最强传统计算机，就证明其未来有多方超越的可能。

2021 年，潘建伟团队成功研制 113 个光子的"九章二号"和 66 比特的"祖冲之二号"量子计算原型机，从而使中国成为在光学和超导两条技术路线上都实现量子优越性的国家。

2023 年 10 月 11 日，该团队成功构建了 255 个光子的量子计算原型机"九章三号"，再度刷新了光量子信息的技术水平和量子计算优越性的世界纪录。科研人员设计了时空解复用的光子探测新方法，构建了高保真度的准光子数可分辨探测器，提升了光子操纵水平和量子计算复杂度。

量子计算机主要解决传统计算机难以胜任的复杂问题，尤其在模拟、优化和机器学习等领域。其应用主要集中在其药物研发、材料科学、金融建模、人工智能等领域。量子计算机有望在未来对多个行业产生重大影响。

学习任务 1　数据隐私与保护

随着科学技术的迅速发展，人工智能已经广泛应用于生活的各个领域，包括自动驾驶、智能家居、医疗诊断、金融风控等。然而，人工智能技术的发展，也带来了诸多伦理挑战，如数据隐私、数据保护、算法偏见、道德教育、法规监管、伦理审查、技术自律、国际合作以及责任追究等。那么，应该如何应对这些伦理挑战呢？

知识点 1　数据隐私

数据隐私是指数据中直接或间接蕴含的，涉及个人或组织的，不宜公开的，需要在数据收集、数据存储、数据查询和分析、数据发布等过程中加以保护的信息。作为人工智能发展的关键要素，数据资源的价值挖掘必须建立在严格的隐私保护基础之上。数字化转型背景下，个人生物特征、消费记录、位置轨迹等敏感数据在智能终端、云平台间的交互日益频繁，使数据隐私面临泄露和滥用等风险。有效的隐私保护机制不仅需要技术手段[如差分隐私（Differential Privacy，DP）、联邦学习（Federated Learning，FL）、同态加密（Homomorphic Encryption，HE）等]的支持，还需要法律法规（如《中华人民共和国个人信息保护法》）、行业标准和管理制度的协同保障。这既是对公民人格权和财产权的基本尊重，也是维护网络空间安全、促进数字经济健康发展的必然要求，已成为全球数字化治理的关键内容。

下面是一些数据泄露的典型案例。

● 宝马汽车数据泄露事件

2024 年年初，宝马汽车的云存储服务器因配置错误，导致中国、欧洲和美国的云服务私钥及生产和开发数据库的登录凭证泄露。尽管宝马集团及时修复了该问题，但此事件仍为数据隐私的安全性敲响警钟。

- 中信银行数据泄露事件

2024 年第一季度，中信银行因未能落实数据安全保护措施，导致个人账户交易信息泄露，被监管部门处以罚款。这一事件引发公众对金融机构数据安全的关注。

- 澳大利亚稀土金属生产商数据泄露事件

2024 年 3 月下旬，澳大利亚矿业公司 Northern Minerals 遭遇网络攻击，导致包括运营数据、战略数据、研发数据以及员工个人数据在内的 1.65 TB 数据被盗。该事件对澳大利亚具有战略重要性的稀土金属产业造成巨大影响。

- 美国电信运营商数据泄露事件

2024 年，美国某电信运营商发生大规模数据泄露事件，约 7300 万客户数据被泄露。虽然具体原因尚未公布，但这一事件引发了公众对电信行业数据安全的广泛担忧。

这些案例表明，无论是国内还是国外，数据泄露事件都呈现频发态势，并且涉及的行业和领域十分广泛。因此，加强数据安全管理、提高个人防范意识、完善相关法律法规以及强化国际合作，都是应对数据泄露挑战的重要措施。

知识点 2　数据保护

为应对人工智能带来的隐私挑战，我们需要进一步强化数据保护措施。一方面，应加强对数据收集、存储、传输和使用过程的监管，确保数据的合法性和安全性；另一方面，应推广数据加密技术，以提高数据安全性，防止数据泄露和滥用。在数据处理过程中，采用先进的加密技术和匿名化技术，能够有效保障数据的安全性和隐私性。通过加密技术，可以防止未经授权的访问和篡改；通过匿名化技术，可以保护个人隐私，防止数据被滥用。这些技术能够显著降低数据泄露和隐私侵犯的风险，为个人和社会提供更加可靠的隐私保护。

同时，相关企业和从业者应具备高度自我约束能力，自觉遵守法律法规和伦理规范，加强内部管理，建立健全自律机制，防止滥用人工智能技术。从业者应严格遵守职业道德，坚守伦理底线，不因追求短期利益而牺牲社会公共利益。

扩展阅读

随着人工智能技术的迅速发展，其在诈骗活动中的应用也日益增多，尤其是人工智能换脸和声音合成技术。这些技术使得诈骗分子能够伪造他人的面容和声音，从而实施更为逼真的诈骗行为，如图 8-2 所示。犯罪分子利用人工智能算法生成高度逼真的虚假图像、音频和视频等"深度伪造"内容，并将一个人的面部特征转移到另一个人的脸上，生成以假乱真的合成视频。利用声音合成技术则通过分析某人的语音特征，模仿其声音并生成指定文本内容的音频。

近年来，利用人工智能进行诈骗的案件频发。在内蒙古包头市的一起电信诈骗案件中，受害人在 10 分钟内被骗走了 430 万元。诈骗分子通过微信视频与受害人联系，声称急需一笔巨额保证金，并要求通过公对公账户转账。受害人基于对好友的信任，未在视频聊天中确认对方的身份信息，未进行进一步验证即转账，最终导致严重的财产损失。

图 8-2　人工智能诈骗

学习任务 2　人工智能伦理与风险

知识点 1　人工智能伦理

　　人工智能伦理是指针对人工智能技术研究和运用过程中产生的社会问题而开展的伦理研究。涉及研究和开发人工智能系统应遵循的伦理原则和道德规范、人工智能系统取代人的智能性劳动的合理边界、人工智能系统是否具有人格地位和道德责任等问题。人工智能伦理包括以下几个方面。

　　1. 人工智能道德规范：人类设计和制造人工智能系统时，需要确保其行为符合人类的道德标准。比如，人工智能系统不应该伤害人类，不应该参与任何非法活动。

　　2. 隐私保护：人工智能应用需要收集和处理大量数据，其中可能包括个人隐私信息。因此，需要确保这些数据的安全性和保密性，避免被滥用和泄露。

　　3. 社会影响：人工智能技术的应用会对社会和经济造成影响，需要确保这些影响是积极的，能够促进社会进步和发展。比如，人工智能技术的应用不应该造成大量失业，不应该对某些人群造成歧视。

　　4. 透明度与可解释性：人工智能系统的决策过程应该是透明的，能够被人类理解和解释。例如，人工智能系统的决策过程应该能够向人类解释其决策依据。

　　5. 责任问题：当人工智能系统造成损害或错误时，需要确定责任方并承担责任。例如，如果自动驾驶汽车发生事故，需要确定是由车辆制造商还是软件开发商承担责任。

　　为了确保人工智能的发展和应用符合人类的道德标准和社会价值观，需要社会各界共同努力，建立合适的法律、道德、行业标准和监管机制。同时，需要加强人工智能伦理的研究和教育，培养人工智能专业人才的伦理意识和社会责任感。

知识点 2　人工智能风险

想象这样一个场景：一名瘫痪患者参与脑机接口（Brain-Computer Interface，BCI）临床试验，其大脑中植入的芯片与计算机相连。科学家通过计算机解读他想象动作时产生的神经信号，从而控制机械臂运动。某天，患者产生不耐烦情绪时，机械臂突然夺过研究助理的杯子并将其捏碎，导致助理受伤。患者道歉并表示可能是设备故障，但也怀疑自己的情绪是否影响了机械臂的动作。这个虚构场景展现了脑机接口技术可能带来的伦理挑战。

人工智能风险可分为失控性风险、社会性风险、侵权性风险、歧视性风险以及责任性风险。具体介绍如下。

1. 失控性风险。指人工智能系统的行为超出研发者、设计制造者、部署应用者预设、理解及可控的范围，对社会产生负面影响的风险。例如，2018 年，美国一架由人工智能系统控制的无人机在执行攻击任务时，曾出现干扰操作员发出指令的情况。

2. 社会性风险。人工智能的社会性风险主要体现在其广泛应用对人类社会结构的影响。首先，自动化技术对传统就业岗位的替代作用日益明显，特别是制造业流水线、基础客服、数据录入等程序性工作面临被人工智能系统大规模取代的风险，这可能导致低技能劳动者失业率上升，加剧社会收入差距和阶层分化。其次，人工智能生成内容在内容创作、艺术设计、文案写作等创意领域的快速渗透，挤压了传统创意工作者的职业发展空间，带来了新的就业结构调整压力。

3. 侵权性风险。人工智能系统可能侵犯个人隐私权、知情权等合法权益。近年来，智能家居设备（如智能音箱、智能摄像头等）日益普及，这些设备通过收集和分析用户的语音、图像等数据提供便捷服务，但也存在隐私泄露风险。例如，某品牌智能音箱未经用户明确同意，便将用户语音数据上传至服务器进行分析处理。这些数据可能包含私人对话、家庭住址、电话号码等敏感信息，一旦被不法分子获取，将严重威胁用户隐私。此外，人脸识别技术虽广泛应用于商业和公共安全领域，但滥用该技术侵犯隐私的情况也时有发生。例如，某商场未告知顾客便安装人脸识别系统，用于追踪顾客购物行为和路径，并将数据用于精准营销和个性化推荐，这种行为涉嫌侵犯顾客隐私权。

4. 歧视性风险。人工智能系统可能因算法偏见而对特定群体产生不公平影响。"大数据杀熟"是推荐系统中常见的偏见现象，指企业通过分析用户消费数据实施差别定价的行为。具体表现为：对相同商品或服务，老客户看到的价格往往高于新客户。当前"大数据杀熟"现象已呈现泛化趋势，不再局限于针对熟客。经营者通过大数据分析和用户画像，可对任何被判定为"价格不敏感"的用户实施差异化定价。互联网企业在掌握大量个人信息和行为数据后，通过分析用户偏好、使用黏性和价格敏感度等特征，利用大数据技术实现"千人千面"的个性化展示，导致不同用户看到不同价格或搜索结果。

5. 责任性风险。指人工智能相关各方行为失当、责任界定不清，对社会信任、社会价值等方面产生负面影响的风险。典型案例是自动驾驶汽车的责任认定问题。在自动驾驶汽车的应用中，当发生事故时，责任归属往往成为一个复杂的问题。由于自动驾驶汽车依赖于复杂的算法和传感器进行决策和操作，当发生事故时，很难确定责任归属，可能是车辆本身的设计缺陷、软件错误、传感器故障，也可能是其他外部因素。

这些案例表明，随着人工智能技术的不断发展，我们需要更加关注其可能带来的负面影响，这些负面影响不仅涉及经济层面的就业替代问题，更关系到社会公平、文化伦理等深层次问题，需要从技术治理、社会保障、教育培训等多维度构建应对机制，以实现人工智能与人类社会的协调发展。

学习任务 3 人工智能法律问题

知识点 1 责任主体

在现行法律体系中，法律主体主要包括自然人、法人和其他组织。人工智能作为具有自主决策能力的技术实体，目前尚未被普遍认定为独立的法律主体，其行为产生的法律责任仍由相关人类主体承担。对于人工智能带来的责任划分问题，其责任主体可以分为三类。

1. 设计研发人员。如果人工智能产品的设计研发本身存在威胁人类安全的问题，在事故发生时应当追究设计研发人员的责任。

2. 使用者。如果事故是由于使用者操作不当造成的，应当追究使用者的过错责任。

3. 生产厂商。如果事故机器经检测被认定为缺陷产品，应当追究生产厂商的责任。

随着人工智能技术日益成熟，未来社会的人工智能产品将具有更强的自主行为能力。虽然人类设计制造了这些产品，但它们的行为会通过深度学习技术进行自主信息分析与判断，其创造者无法完全预料或提前控制。现行法律体系越来越难以适应人工智能的发展，因此，人工智能产品责任划分问题需要建立新的界定标准。对于违反伦理规范的行为，应依法追究相关责任人的法律责任。同时，需要建立健全的投诉和举报机制，鼓励社会各界积极参与监督，共同促进人工智能技术的健康发展。

知识点 2 隐私权、知情权

在隐私权方面，人工智能的应用涉及大量个人数据的收集和处理。为了保护个人隐私，必须采取一系列措施。首先，数据加密和安全存储非常关键。通过加密技术，可以将个人数据转换成只有授权方才能理解的加密格式，从而保护数据免受未经授权的访问和泄漏。其次，匿名化技术也是保护个人隐私的有效手段。通过去除或模糊化个人身份信息，只保留匿名化数据，可以降低数据泄露的风险。此外，访问控制与授权机制也是必不可少的。只有经过授权的人员或系统才能访问和处理个人信息，从而限制数据的使用范围。

同时，用户的知情权也必须得到充分保障。人工智能系统应当透明、公开地收集和使用个人信息，明确告知用户数据收集的目的和使用方式。用户应当有权了解自己的信息如何被收集和处理，并对自己的数据享有控制权。这要求人工智能系统在设计和运营过程中，充分尊重用户的知情权和选择权，确保个人信息的安全和合规使用。在实际操作中，为了保障用户的隐私权和知情权，可以采取以下具体措施。

● 选择可靠的在线平台。在使用人工智能服务时，应选择具有良好口碑和安全记录的在线平台，以确保个人数据安全。

● 设置复杂的密码和保护措施。为各个账号设置复杂且独特的密码，并启用多因素认证等安全措施，以增加账户的安全性。

● 关注隐私设置。在使用涉及人工智能的应用或服务时，应关注其隐私设置，确保只有授权的人员才能访问和处理个人数据。

● 使用安全的软件和应用。确保所使用的软件和应用来自可靠渠道，并定期更新，以修复可能存在的安全漏洞。

知识点 3 著作权

人工智能作为新一轮科技革命和产业变革的重要力量，对推动传统产业升级产生重大影响，受到各领域人士的高度重视。图 8-3 所示为人工智能生成的图片。人工智能生成内容能否获得《中华人民共和国著作权法》保护，一直以来都是产业界和法律界争论的焦点。

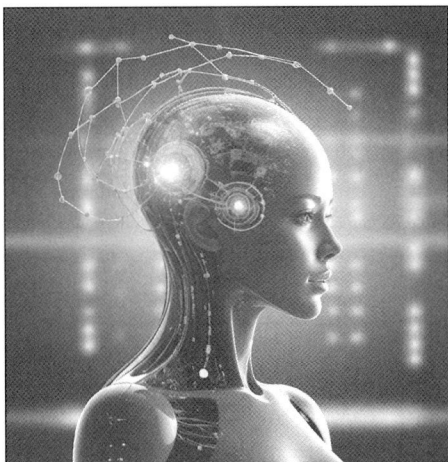

图 8-3 人工智能生成的图片

我国著作权法的立法宗旨在于激励人类创作，促进文化和科学事业繁荣发展，通过赋予创作者对作品享有使用、收益等权益来鼓励更多的人投身创作。有些法律界人士认为，著作权法旨在保护人类创作而非人工智能创作，只有人类享有独创性的表达，人工智能生成内容不具备独创性。

2017 年 6 月，微软人工智能"小冰"推出其原创诗集《阳光失了玻璃窗》，随后在华西都市报"宽窄巷"开设专栏刊登"小冰的诗"。同年的"双 11"活动中，阿里巴巴集团的人工智能设计系统"鲁班"完成了 4 亿份个性化的海报设计。这些案例展现了人工智能的创作能力，同时也引发了人工智能生成内容是否构成侵权，是否受著作权法的保护的讨论。

2023 年 11 月，北京互联网法院在（2023）京 0491 民初 11279 号判决中认定，原告李某使用人工智能绘画软件生成的图片符合著作权法关于"智力成果"和"独创性"的要求，李某享有该作品的著作权并受到著作权法保护。被告刘某未经许可利用该图片，侵犯了李某的署名权及信息网络传播权。

根据我国著作权法，能否认定某作品受到法律保护，首先需要认定其是否具有"独创性"，是否在外在表现上与已有作品存在明显区别，且具备最低程度的创造性。

学习任务 4　人工智能职业规划

知识点 1　人工智能素养

人工智能的快速发展和广泛应用对就业市场产生了深远影响，包括自动化机器取代传统人工工作、就业岗位的变化、技能需求的变化、劳动力成本降低、工作效率与质量提升、行业和职业结构变革、增强人类能力以及终身学习需求增加等方面。随着人工智能的迅速发展，就业市场对技能的需求发生了显著变化。传统行业的技能需求逐渐减少，而人工智能、数据分析、编程等新兴技能的需求则呈持续增长趋势。这种变化不仅重塑了就业市场的结构，也对个人职业发展提出了更高的要求。

人工智能素养的构建旨在培养个体在智能时代生存与发展所需的一种综合能力，涵盖与人工智能相关的核心概念和技术实践，以及在技术实践过程中形成的跨学科思维和伦理态度。个体需要具备创新思维，以适应快速发展的技术环境；个体需要具备批判性思维，能够对人工智能技术进行深入评估，包括分析其优势、局限性以及潜在风险；个体需要具备沟通与协作能力，能够与人工智能系统进行有效交互，并与他人合作解决与人工智能相关的问题。此外，个体还需要掌握基本的人工智能知识及其起源，包括人工智能的定义、历史发展、基本原理；熟悉自然语言处理、机器学习、图像识别等关键技术；掌握数据结构、分布式算法等相关知识，以及至少一种编程语言，如 Python、C、Java 等。

具体而言，人工智能素养包括智能意识、智能态度、智能伦理、智能知识、智能技能、智能思维、智能创新等七个维度。

智能意识、智能态度和智能伦理是智能素养的基础，它们构成了人工智能教育的基本要求。拥有智能意识是学生形成正确人工智能观的前提，而智能态度和智能伦理则是学生正确使用人工智能技术的保障。

智能知识和智能技能是智能素养的重要组成部分，也是人工智能教育的主要内容。智能知识包括人工智能的概念、相关技术、基本原理、发展简史，而智能技能侧重于利用人工智能解决实际问题，以及使用编程工具开发人工智能作品的能力。

智能思维作为智能素养的核心，主要涉及计算思维。这是一种通过应用计算工具来理解、推理自然系统和人工系统的过程，包括逻辑思考能力、算法思考能力、递归思考能力以及抽象思考能力。

智能创新是人工智能素养的最高表现形式，也是人工智能教育的最终目标。在人工智能时代，只有那些具有创造性和独特价值的工作仍由人类主导。因此，培养学生的智能创新能力显得尤为重要。

这些要素相辅相成、相互促进，共同构建人工智能素养的完整框架，旨在帮助个体在面对人工智能技术及其应用时，具备必要的知识、技能、思维方式和伦理判断能力。

知识点 2　人工智能时代下的职业变化

人工智能的发展对就业市场和产业结构产生了深远的影响。一方面，人工智能技术的普及将催生许多新兴职业，如人工智能算法工程师、数据科学家等。另一方面，一些传统岗位可能因自动化技术的广泛应用而面临冲击，这将促使劳动力进行技能转型和升级。

（1）自动化机器取代传统人工工作

人工智能技术的应用导致部分岗位实现自动化，尤其是那些重复性、简单性的工作。这些工作往往容易被人工智能和机器人替代，从而减少相应的就业机会。如图 8-4 所示，目前，很多工厂的流水线已经用机器人代替了普通工人。无人驾驶汽车的试运营，从一定程度上也增加了出租车司机接单难度，如图 8-5 所示。

图 8-4　流水线工人和流水线机器人

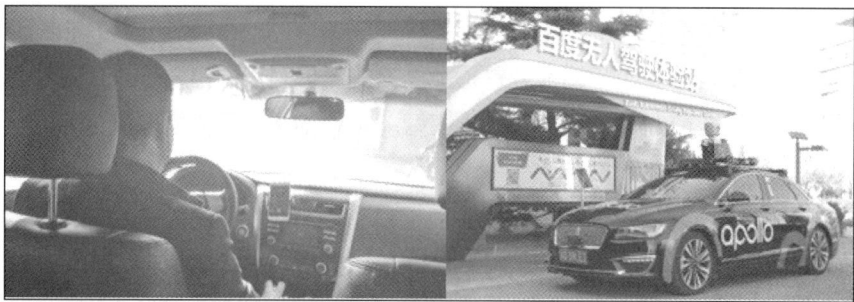

图 8-5　出租车司机和无人驾驶汽车

（2）就业岗位的变化

尽管人工智能在某些方面取代了人类工作，但它同时也创造了大量新的就业机会。这些机会主要集中在人工智能研发、数据分析、机器学习、人工智能应用开发和维护等领域。随着人工智能技术的普及和应用领域的扩展，对相关专业人才的需求也在不断增长。

（3）技能需求变化

人工智能的广泛应用也催生了新的技能需求。例如，人工智能的开发、维护和优化需要专业技术人员，而数据的处理和分析则需要具备高级数据处理和分析技能的人才。因此，劳动者需要不断提升自己的技能水平，以适应市场需求变化。

（4）劳动力成本降低

人工智能技术的应用能够有效降低企业的劳动力成本。通过自动化和智能化，企业可以减少对低技能劳动力的依赖，从而显著降低人力成本。这不仅提高了企业的竞争力，也可能导致部分低技能劳动者面临失业风险。

（5）工作效率与质量提升

人工智能技术的应用能够显著提高工作效率和产品质量。人工智能可以处理数据，分析数据并作出决策，从而帮助企业实现更高的生产效率并提供更优质的产品或服务。这将进一步增强企业的市场竞争力，同时也可能加速某些行业的竞争和重新洗牌。如图 8-6 所示，智能快递设备的出现，有效提升了快递效率。智能客服应用的落地，有效解决了人工客服无法 24 小时接听电话的问题，如图 8-7 所示。

图 8-6　快递员和智能快递设备

图 8-7 人工客服和智能客服

（6）行业和职业结构变革

人工智能技术的快速发展正在深刻改变行业和职业的结构。传统行业可能逐渐衰退，而新兴行业则呈现蓬勃发展的态势。此外，职业结构也在发生显著变化，新型职业不断涌现，而一些传统职业可能逐渐退出历史舞台。

（7）增强人类能力

尽管人工智能在某些领域取代了人类，但它在很大程度上也增强了人类的能力。人工智能可以协助人类处理复杂任务、提高决策效率、优化工作流程等。通过合理利用人工智能技术，人类能够释放更多的潜力和创造力，从而实现更高的工作效率。

（8）需要终身学习

随着人工智能技术的不断发展和应用领域的扩大，终身学习已成为每个人的必备素质。劳动者需要持续更新自身的知识和技能，以适应市场需求变化。同时，企业也应为员工提供持续的学习和培训机会，以保持竞争力。

因此，我们需要积极应对挑战，提升自身的技能水平，并及时进行职业规划，以适应人工智能时代的发展需求。政府和企业也应加强合作，加大培训和再教育力度，帮助劳动力适应新技术带来的变革，共同推动就业市场的健康发展。

2019 年，人力资源和社会保障部联合国家市场监管总局、国家统计局共同向社会发布了人工智能工程技术人员、物联网工程技术人员、大数据工程技术人员、云计算工程技术人员、数字化管理师、建筑信息模型技术员、电子竞技运营师、电子竞技员、无人机驾驶员、农业经理人、物联网安装调试员、工业机器人系统操作员、工业机器人系统运维员 13 个新职业信息。新增的职业中，一半以上与人工智能密切相关，有的新职业完全是由人工智能技术及其行业应用衍生而来的。

1. 人工智能工程技术人员

从事与人工智能相关算法、深度学习等技术的分析、研究、开发，对人工智能系统进行设计、优化、运维、管理和应用的工程技术人员。主要工作任务包括：

- 分析与应用人工智能算法、深度学习技术；
- 研发语音识别、图像识别等应用技术；
- 设计并部署人工智能软硬件系统；
- 提供技术咨询与解决方案开发。

2. 物联网工程技术人员

从事物联网架构、平台、芯片、传感器、智能标签等技术研发，以及物联网工程设计、测试、维护、管理和服务的工程技术人员。主要工作任务包括：

- 研究物联网协议与标准；
- 研发物联网专用芯片及相关软硬件系统；
- 规划并集成物联网解决方案；
- 监控与保障物联网系统安全。

3. 大数据工程技术人员

从事大数据采集、清洗、分析、治理、挖掘等技术研究，并对其进行利用、管理、维护和服务的工程技术人员。主要工作任务包括：

- 开发大数据存储与分析技术；
- 构建大数据平台架构；
- 管理大数据系统运行与安全；
- 提供数据驱动的决策支持。

4. 云计算工程技术人员

从事云计算技术研究，云系统构建、部署、运维，以及云资源管理、应用和服务的工程技术人员。主要工作任务包括：

- 开发虚拟化与云资源管理技术；
- 部署云计算系统并保障其稳定运行；
- 监控云平台安全；
- 提供云服务咨询和技术支持。

5. 数字化管理师

使用数字化智能移动办公平台，为企业或组织搭建人员架构、维护运营流程、协同工作流、进行大数据决策分析、连接上下游在线化，实现经营管理在线化、数字化的技术人员。主要工作任务包括：

- 搭建企业数字化组织架构；
- 维护在线化业务流程；
- 实施大数据决策分析；
- 连接上下游生态链以提升运营效率。

6. 建筑信息模型技术员

利用计算机软件进行工程实践全过程的模拟建造，以优化工程各环节的技术人员。主要工作任务包括：

- 搭建建筑、结构等专业的 BIM（Building Information Modeling，建筑信息

模型）；

- 进行多专业碰撞检查；
- 制作虚拟漫游与施工动画；
- 参与施工管理与后期运维工作。

7.　电子竞技运营师

在电子竞技产业从事组织活动及内容运营的人员。主要工作任务包括：

- 策划电子竞技活动方案；
- 拓展赞助商与媒体合作；
- 制作音视频内容并评估效果；
- 管理活动档案与总结报告。

8.　电子竞技员

从事不同类型电子竞技项目比赛、陪练、体验及活动表演的人员。主要工作任务包括：

- 参加电子竞技比赛与训练；
- 分析电子竞技游戏数据；
- 参与游戏设计与体验反馈；
- 参与电子竞技表演活动。

9.　无人机驾驶员

通过远程控制设备操控无人机完成既定飞行任务的人员，主要工作任务包括：

- 安装调试无人机设备；
- 规划航线并调整飞行参数；
- 执行飞行任务并分析数据；
- 维护无人机及任务设备。

10.　农业经理人

农业经济合作组织的管理者，主要工作任务包括：

- 分析农产品市场数据；
- 编制生产与营销计划；
- 调度生产资源与人员；
- 组织产品加工与运输。

11.　物联网安装调试员

安装与调试物联网设备的技术人员。主要工作任务包括：

- 工业机器人工作站的装配与编程；
- 传感器与控制器参数的调试；

- 生产异常处理与急停操作；
- 设备操作与维护信息的记录。

12. 工业机器人系统操作员

负责工业机器人操作与调试的技术人员。主要工作任务包括：

- 工业机器人工作站的装配与编程；
- 传感器与控制器参数的调试；
- 生产异常处理与急停操作；
- 设备操作与维护信息的记录。

13. 工业机器人系统运维员

使用工具、量具、检测仪器及设备，对工业机器人、工业机器人工作站或系统进行数据采集、状态监测、故障诊断与维修、预防性维护与保养作业的人员。主要工作任务包括：

- 机器人机械系统与电气系统的检查；
- 零位校准与润滑保养的执行；
- 系统故障的诊断与维修；
- 运维报告的编制。

2020 年，人力资源和社会保障部与国家市场监管总局、国家统计局联合向社会发布了智能制造工程技术人员、工业互联网工程技术人员、虚拟现实工程技术人员、人工智能训练师、全媒体运营师、无人机装调检修工等 16 个新职业。随后发布的第三批和第四批新职业中，仍包含与人工智能密切相关的新职业，如区块链工程技术人员、区块链应用操作员、服务机器人应用技术员等。

【学习小结】

近年来随着科学技术的发展，我们已经进入人工智能时代，要合理利用人工智能，构建和谐的发展环境，促进人机协调发展。社会对高校人才的需求不再是单一的专业化人才，而是需要具备专业知识与技术，拥有创新意识且能够利用人工智能进行价值创造的复合型人才。

【思考与练习】

论述题

1. 简述人工智能发展过程中的法律问题。
2. 简述人工智能对社会的影响。
3. 完成《中华人民共和国职业分类大典》调研报告。